Patrik Lehner

Abenteuer- und Bewegungsspiele

Patrik Lehner

Abenteuer- und Bewegungsspiele

in Schule und Freizeit

rex verlag luzern

Bibliografische Information Der Deutschen Bibliothek
Die Deutsche Bibliothek verzeichnet diese Publikation in der deutschen Nationalbibliografie;
detaillierte bibliografische Angaben sind im Internet über www.dnb.de abrufbar.

Illustrationen: Christoph Fischer, Luzern
Umschlaggestaltung: Andrea Fassbind, Sarnen
Satz: Brunner AG, Druck und Medien, Kriens
Gesamtherstellung: Memminger MedienCentrum, Memmingen

ISBN 3-7252-0739-9

Inhalt

1 Einleitung

Abenteuer ist ein Modewort in den Bereichen Medien, Werbung, Tourismus, Banken, Zigaretten- und Getränkeindustrie. Alle spielen sie mit dem Prickeln und den Assoziationen, die dieses Wort auslöst.

Für die Arbeit mit Jugendlichen bieten Abenteuer- und Erlebnisspiele, so wie sie hier erklärt und zusammengestellt sind, eine äußerst erfolgreiche Möglichkeit, Abenteuer und Erlebnis mit sozialem Lernen in der Gruppe zu kombinieren.

Diese Spielformen verlangen von den Jugendlichen eine intensive Bewährung in Problemsituationen, die oft nur gemeinsam zu bewältigen sind. Jede Abenteuer- und Erlebnisspielsequenz ist eine Herausforderung, nicht nur für die körperlichen Kräfte der Gruppenmitglieder, sondern vor allem für die gemeinsame Intelligenz und Pfiffigkeit der Gruppe, da beides für erfolgreiche Lösungsstrategien in gleichem Maß gefordert ist.

Durch Teamarbeit zum Erfolg

Teamarbeit ist ein Schlüsselmerkmal kooperativer Abenteuerspiele. Fast alle Aufgaben sind so gestellt, dass eine Zusammenarbeit der Teilnehmenden unmittelbar notwendig ist. Im Allgemeinen steigt die Qualität der Ergebnisse mit der Qualität der Kooperation. Zusammenarbeit hat also einen ganz praktischen und nicht nur einen moralischen Stellenwert.

Konflikte tauchen während der Spiele wegen schwieriger Entscheidungen, Zeitdruck, unterschiedlicher Lösungsstrategien oder mangelnden Engagements einzelner Teilnehmender auf. Sie sollten nicht als Störungen angesehen werden, die es möglichst zu vermeiden gilt, sondern als willkommene Lernanlässe.
Durch Helfen und Sich-helfen-Lassen werden der tatkräftige Einsatz für andere wie auch die Bereitschaft, eigene Grenzen anzuerkennen und sich von anderen helfen zu lassen, deutlich. Starre Rollenverteilungen werden in diesen Spielen normalerweise in Frage gestellt. Dies erfordert Fähigkeiten, die nicht nur bei Jugendlichen ungenügend entwickelt sind. Deshalb werden Erlebnisspiele heute auch in Kaderkursen und Managerausbildungen angeboten.

Von der Spielpädagogik wird vertreten, dass Spiele ein wertvolles Medium emotionalen und sozialen Lernens sind und dass sie wohl am nachhaltigsten wirken. In der Tradition der Spielpädagogik gehören dazu Aufwärmspiele, Wahrnehmungsspiele und Vertrauensspiele. Eine besondere Aufmerksamkeit gilt ebenfalls den kooperativen Spielen, die als ein bewusster Gegenpol zur vorherrschenden Konkurrenzorientierung in Spiel und Sport integriert worden sind. Reflexionsübungen gehören grundsätzlich als Abschluss zu jeder Abenteueraktion.

Teamarbeit als Schlüssel zu sich selbst

Die gestellten Aufgaben können nur bewältigt werden, wenn alle Gruppenmitglieder ihre Fähigkeiten und Stärken gemeinsam zum Einsatz bringen. Eine wichtige Lernerfahrung ist daher, dass sich Anstrengungen, Initiative und aktiver Einsatz lohnen. Anstelle der sonst üblichen individuellen Belohnung steht hier das Erleben von Verantwortung für eine gemeinsame Sache.

Viele problematische Verhaltensweisen von Leuten sind letztendlich Kompensation eines mangelnden Selbstwertgefühls. Kooperative Abenteuerspiele sind daher ganz wesentlich auf Erfolgserlebnisse für das Individuum und in der Gruppe angelegt. Weil die Aufgaben anspruchsvoll sind, wirken diese Erfolgserlebnisse sehr nachhaltig. Auf Fremdverstärkungen seitens der Spielleitung kann weitgehend verzichtet werden.

Jugendliche schwanken oft in ihrer Selbsteinschätzung zwischen maßloser Über- und völliger Unterschätzung. Beide Formen sind Zeichen von Unsicherheit. Spiele und Aufgaben in der Erlebnispädagogik bieten gute Gelegenheiten, solche Fehleinschätzungen auf die Probe zu stellen, indem die Teilnehmenden durch das Spiel den eigenen Möglichkeiten und Grenzen näher kommen und ein realistischeres Selbstbild entwickelt werden kann.

Ein gutes Körpergefühl ist ein wichtiger Bestandteil eines gesunden Selbstwertgefühls. In den vielfältigen, oft neuen und ungewohnten Bewegungsmöglichkeiten kooperativer Abenteuerspiele steckt die Chance, durch interessante Erfahrungen mit dem eigenen Körper zu einem positiveren Körperbewusstsein zu kommen.

Spielen als Lernfeld
Für den spielenden Menschen bedeutet das Spiel gelebte Wirklichkeit und gestaltete Zeit. Im Spiel, im Umgang mit Spielobjekten und in der Auseinandersetzung mit den Mitspielenden erleben wir uns in Momenten der Spannung, des Gelingens und des Misslingens, der Freude und Befriedigung, aber auch der Enttäuschung. Jedes Spiel ist ein Experimentierfeld, in dem die Spielenden vielfältige Erfahrungen sammeln können. Sie werden so zu Erfahrenden, die aus eigenem Erleben spüren und wissen, wie sie mit bestimmten Spielobjekten in bestimmten Situationen umgehen können. Dabei lernen sie sich und andere besser kennen.

Die folgende Spieldefinition des Philosophen Huizinga (1938) ist noch immer zeitgemäß: «Spiel ist eine freiwillige Handlung oder Beschäftigung, die innerhalb gewisser festgesetzter Grenzen von Zeit und Raum nach freiwillig angenommenen, aber unbedingt bindenden Regeln verrichtet wird, ihr Ziel in sich selber hat und begleitet wird von einem Gefühl der Spannung und Freude und einem Bewusstsein des ‹Andersseins› als im (gewöhnlichen) Leben.»

Am Anfang steht der Reiz, danach beginnt das Suchen. Die Aufgabe des Leitenden ist es, den Lernenden Zeit zu lassen, um Neues auszuprobieren. Neue Bewegungserfahrungen sollen nicht sofort dem eigentlichen Zweck zugeführt, sondern als rein persönliches Erlebnis ganz direkt wahrgenommen werden. Diese Erfahrungen stellen den eigentlichen Ursprung der Lernmotivation dar, da sie einem ganz persönlichen Erleben und Experimentieren im eigenen Bewusstsein und Bewegen entspringen. Didaktisch ist das nicht einfach zu realisieren, da der Verlauf der Spiel- oder Sportstunde in diesem Sinne offen ist und die Gruppe oftmals viel Zeit benötigt.
Wichtig ist, dass man Kinder und Jugendliche, aber auch Erwachsene gute und schlechte Erfahrungen sammeln lässt. Sie suchen etwas und werden eine Lösung finden. Erst danach kommt das Ordnen (Selektieren). Diese Selektion ist abhängig von den vorhergehenden Erfahrungen.

Folgendermaßen kann selektiert werden:
1. Schritt: Selektion zwischen Gutem und Schlechtem
2. Schritt: Wir nehmen das Gute
3. Schritt: Wir suchen Regeln und Grenzen (Regelkonstitution)

Diese kurzen Ausführungen zeigen, wie wenig eigentlich nötig ist, um Spiel und Freude zu erleben. In diesem Sinne wünsche ich allen Neueinsteigenden sowie den «Eingefleischten» viele intensive und positive Momente mit Erlebnis- und Abenteuerspielen.

Patrik Lehner

2 Erlebnispädagogik

Einige Prinzipien, die im Outdoorsport, aber auch bei Erlebnisspielen in der Halle gelten, sind wichtige Lernfaktoren und tragen zur Sicherheit der einzelnen Teilnehmenden bei. Das wohl Wichtigste ist die Freiwilligkeit der Teilnahme an den einzelnen Aktivitäten. Andere Eckpfeiler der Erlebnispädagogik sind Herausforderung und Grenzerfahrungen. Entsprechende Aktivitäten sind zwar spielerisch, aber trotzdem ernsthaft, und sie sind ganzheitlich gestaltet, indem sie Kopf, Herz und Hand der Teilnehmenden ansprechen. Zudem sollten die Aktivitäten auf die Gruppe ausgerichtet sein, auch wenn sie gleichzeitig individuell hohe Anforderungen stellen. Nicht zuletzt wird Outdoorsport erst zum Erfolg, wenn die Teilnehmenden daraus für ihr Verhalten im Alltag einen Nutzen ziehen können. Daher gilt das Prinzip von Aktion, Reflexion und Transfer.

Herausforderung und Grenzerfahrung

Outdooraktivitäten bieten die Möglichkeit, Erfahrungen außerhalb der alltäglichen Handlungs- und Erfahrungsräume zu machen. So lassen sie persönliche Grenzen erfahren und motivieren zu Selbstüberwindung. Ungewohnte Situationen fordern heraus und ermöglichen außergewöhnliche Erfahrungen. Durch aktives Handeln werden subjektive Fähigkeiten, aber auch Grenzen erkannt. Persönliche positive wie negative Eigenschaften der Teilnehmenden treten in der Herausforderung, in Situationen des Nicht-ausweichen-Könnens, im Erlebnis gegenseitiger Abhängigkeit stärker hervor als sonst üblich.

Challenge by Choice

Selbstverantwortung und Selbstbestimmung sollten jederzeit gegeben sein. Die Teilnehmenden entscheiden selbst, ob sie die Herausforderung annehmen möchten. Ferner besteht für die einzelnen Teilnehmenden jederzeit die Möglichkeit, auch während der

Aktivität auszusteigen, wenn die Aktion z. B. psychisch und/oder physisch zu belastend wird. Die Leitung hat dafür zu sorgen, dass diese Entscheidungen von der Gruppe akzeptiert und toleriert werden. Gleichzeitig kann aber auch die Leitung die Aktion unterbrechen, um eventuellen Gefahren vorzubeugen.

Glaubwürdig

Die Lernsituationen sind inszeniert und gleichzeitig echt, denn es handelt sich um Situationen, die pädagogisch zielgerichtet arrangiert sind. Gleichzeitig haben die Situationen Ernstcharakter und bieten den Teilnehmenden im Gegensatz zu gewöhnlichen Trainings wenig Fluchtmöglichkeiten. Ernstcharakter zeigt sich vor allem in Situationen, die entschiedenes Handeln erfordern und wenig Fluchtmöglichkeiten bieten (z. B. Bergtour, Klettern, Kanufahrt usw.). So sind die Teilnehmenden in diesen Situationen zu verantwortungsvollem Handeln herausgefordert, ohne dass sie sich dem entziehen können.

Ganzheitlich und vielfältig

Lernsituationen werden praktisch erfahren, indem die kognitive, emotionale und handlungsorientierte Lernebene angesprochen wird. Lernen erfolgt mit Kopf, Herz und Hand. Dabei werden die Teilnehmenden durch die angewandten Methoden ganzheitlich gefordert und gefördert.

Gruppenorientierung

Die Auswahl und Gestaltung einer Outdooraktivität richtet sich nach dem Entwicklungsstand der Gruppe, deren dynamischer Prozesse, Ressourcen und Alltagssituationen. Anstehende Aufgaben werden von der Gruppe gemeinsam bewältigt, dabei werden die körperlichen Anforderungen der Outdooraktivität dem Leistungsniveau der Gruppe angepasst. Der Gruppensteuerung und Selbstverantwortung der Gruppe soll nach einer Einführung in die Outdooraktivität so weit als möglich freien Lauf gelassen werden.

Prinzip von Aktion, Reflexion und Transfer

Der Reflexion einer Outdooraktivität kommt eine zentrale Bedeutung zu. Ohne diese scheint der Transfer der gemachten Erlebnisse und Erfahrungen in die Alltagssituationen nur begrenzt möglich.

Ein moderner Trend

Der weit gefasste Begriff «Erlebnispädagogik» soll so definiert werden, wie er im Kontext dieses Buches sinnvoll ist. Es wird beschrieben, welche Kompetenzen nötig sind, soll Erlebnispädagogik in der Praxis erfolgreich eingesetzt werden, von Lehrpersonen, Leitenden in Jugendgruppen und Ver-

antwortlichen in Pädagogik, Erziehung und Erwachsenenarbeit. Die Entwicklung der Erlebnispädagogik wird von den Anfängen bis heute anhand einer Reihe von Modellen kurz beleuchtet. Die neusten Erkenntnisse und Entwicklungen lassen ein Konzept umreißen, das später im Kapitel «Abenteuerpädagogik» beschrieben wird.

> «Das Erlebnis kann man nicht rational vermitteln,
> es muss emotional erfahren werden.
> Man kann es nicht lehren,
> man muss es bisweilen inszenieren.»
> *(Kurt Hahn)*

«Erlebnispädagogik» ist zu einem populären Begriff geworden. Nicht nur die Werbung hat entdeckt, dass sich mit dem «Erlebnis» tiefere Bedürfnisschichten der Menschen ansprechen lassen. Auch die Fachliteratur dazu

Erlebnispädagogik oder Fun-Sport

häuft sich, und damit einher geht die Hoffnung vieler Pädagogen und Pädagoginnen auf eine neue praktikable Methode, die dem Zeitgeist entspricht und Spaß macht. Wie der Begriff «Erlebnis» heute jedoch allgemein verstanden wird, verspricht er nur vordergründig Überraschung und Abwechslung. Erlebnisse können nämlich schnell verpuffen, wenn sie unreflektiert inszeniert werden.

Erlebnispädagogik ist eine sehr wirkungsvolle Methode, wenn ihre Anwendung gezielt, nach vorhergehender Problemanalyse in der Gruppe oder im Team, stattfindet. Dabei sind die Erlebnisse nicht der Maßstab, sondern die Ausgangssituation für ein selbstbewusstes Lernen. Nur wenn Erlebnisse auch reflektiert werden, lassen sich Erkenntnisse und Erfahrungen gewinnen. Indem das Erlebte mit der eigenen Lebenssituation in Verbindung gebracht wird und die Teilnehmenden daraus neue Visionen und Lösungsstrategien entwickeln können, grenzt sich die Erlebnispädagogik vom bloßen Erlebniskonsum ab. Gerade diese Reflexion und das zielbewusste Vorgehen unterscheiden die Erlebnispädagogik von Fun-Sport.

Die Erlebnispädagogik überlässt zudem den Teilnehmenden selbst die Entscheidung, wie weit sie etwas riskieren wollen, und kann sich so gegen einen möglichen Manipulations-Vorwurf behaupten. Gleichzeitig bieten Interaktionsspiele eine ungezwungene Möglichkeit, neue Rollen und Verhaltensweisen zu probieren und zu trainieren. Das Besondere an der Erlebnispädagogik ist, dass sie sich das «Erlebnis» zunutze macht: Lernen vollzieht sich dabei in einem Prozess, der mit dem aktiven Erleben beginnt, und unterscheidet sich damit vom theoretischen oder deduktiven Lernen. Je mehr Sinne durch das Erlebnis angesprochen werden, desto intensiver und nachhaltiger gestaltet sich das Erlebnis bei den Teilnehmenden. Das Erlebnis allein reicht für einen bleibenden Lernerfolg nicht aus: dieser setzt einen zusätzlichen Bewusstseinsprozess voraus. Indem die Teilnehmenden ihre Erlebnisse interpretieren, ihre persönlichen Bewertungen vornehmen und mit ihrem Alltagsleben in Verbindung bringen und so neue Lösungsstrategien entwickeln, gewinnen diese Erlebnisse an Relevanz und werden so zu persönlicher Erfahrung. In der Erlebnispädagogik setzen sich also die Teilnehmenden bewusst mit den Reizen der Umwelt (auch im Indoor-

Lernen aus Erfahrung		Verschultes Lernen
«Erfahrungslernen»	< – >	«Vorgefertigte Muster von Lernen»
«Erfahrungsgegleitetes Üben»	< – >	«Didaktische Lehrmethoden»
«Entdeckendes Lernen»	< – >	«Wissensvermittlung»
«Prozessorientierung»	< – >	«Produktorientierung»
«Nicht direktiv»	< – >	«Direktiv»
...	< – >	...
«Erfahrungen»	< – >	«Meinungen»

bereich möglich) auseinander, erleben sich selbst und die Reaktionsmuster der Gruppe und können neue Verhaltensweisen probieren und trainieren.

Die Begriffe «Erlebnis», «Erfahrung» und «Erlebnispädagogik» können wie folgt differenziert werden:

- **«Erlebnis»** ist ein unerwartetes, die Alltäglichkeit durchbrechendes Ereignis, das zu einer persönlichen Auseinandersetzung mit der Umwelt führt. Erlebnisse werden gleichzeitig mit verschiedenen Sinnen wahrgenommen. Absichtsvoll eingesetzt und reflektiert kann das Erlebnis in pädagogischen Programmen als Grund- und Ausgangslage für Lernprozesse genutzt werden.
- **«Erfahrung»** entsteht aus der Verarbeitung und Verinnerlichung von Erlebnissen und setzt einen Bewusstseins- und Lernprozess voraus. Dabei entsteht ein Umdeuten und Umwerten aus eigener Erkenntnis. So können Erfahrungen gespeichert und erinnert werden.
- **«Erlebnispädagogik»** als Methode umfasst alle Aktivitäten, die mit Natur- oder Umwelterfahrungen arbeiten, ein das Verhalten änderndes und die Persönlichkeit entwickelndes Ziel haben und sich dabei Erlebnissen im ganzheitlichen Sinn, also mit unterschiedlichsten Sinneswahrnehmungen, bedient. Das eigene Handeln, das soziale Verhalten in der Gruppe sowie die Reaktion auf die Umwelt werden so den Teilnehmenden deutlich. Der Bewusstseinsprozess wird dabei gezielt gefördert, um zu eigenständigen Entscheidungen gelangen zu können.

Aktives Lernen

Kurt Hahn drückte das Dilemma unserer Lernwelten so aus: «Es ist eine Sünde, jungen Menschen Meinungen aufzuzwingen, aber es ist eine unentschuldbare Nachlässigkeit, sie nicht zu heilsamen Erfahrungen anzutreiben.» Dieses Dilemma wird uns immer wieder beschäftigen und zwingt uns in der Praxis zu entsprechenden Entscheidungen zwischen folgenden Polen.

Im Laufe der letzten 50 Jahre hat sich die Erlebnispädagogik weiterentwickelt und differenziert. Es lassen sich inzwischen fünf Ansätze unterscheiden:

Das Erlebnis wirkt für sich

In diesem Konzept werden fast ausschließlich Unternehmungen in der Natur und Natursportarten wie Kajakfahren, Raften, Klettern oder Überlebenstraining angeboten. Diese Form der Erlebnispädagogik hat den Begriff bis heute geprägt. Ursprünglich gedacht, um Gefahren zu antizipieren und Krisenlösungen zu trainieren, rückt heute das bloße Wagnis («risk-taking») als Quelle der Veränderung in den Mittelpunkt der pädagogischen Bemühungen.

Im Wesentlichen geht man bei diesem Ansatz davon aus, dass Erlebnisse an sich schon wirken und unterbewusst zu einer Lernerfahrung beitragen. Eine Reflexion der Erlebnisse findet allenfalls spontan statt. Schwerpunkt dieses Modells sind der Spaß und die gemeinsame Unternehmung. Heute spricht man oft von erlebnisorientierten Unternehmungen.

Vordefinierte Erlebnisse

Bei dieser Art wird das Erlebnis durch die Leitung gesteuert. Sie gibt die Ziele vor und die Teilnehmenden erleben nach. Es geht dabei also auch um ein «Lernen durch Erzählen» mit vordefinierten und reproduzierbaren Ergebnissen. Der Leitung kommt gleichsam die Rolle der Experten zu. Ihre Qualifikation beschränkt sich neben den sicherheitstechnischen Aspekten auf theoretische Grundlagen und auf das Gruppenverständnis.

Für Plan- und Rollenspiele mag dieses Modell durchaus eine sinnvolle Methode sein. Sobald es aber das Ziel einer Pädagogik ist, das individuelle Verhaltensrepertoire zu vergrößern, neue Rollen- und Verhaltensweisen auszuprobieren und zu testen, muss den Teilnehmenden der nötige Freiraum gegeben werden, um zu eigenständigen Lösungen und Interpretationen zu gelangen.

Erfahrungen durch Reflexion

Diesem Ansatz liegt der Gedanke zu Grunde, dass ein Erlebnis erst eine nachhaltigere Wirkung zeigt, wenn es durch eine strukturierte Diskussion reflektiert wird. Die Leitung gibt keine Lösungen vor und vermeidet eigene Interpretationen. Daher liegt die Lernverantwortung bei jeder einzelnen Person. Dieser Ansatz lässt sich am besten beschreiben mit «Lernen durch Reflexion»; er geht davon aus, dass Menschen am ehesten bereit sind, an sich zu arbeiten und an Veränderungsprozessen mitzuwirken, wenn sie diesen Prozess aktiv mitbestimmen und beeinflussen können. Die Teilnehmenden werden aufgefordert, ihre Erlebnisse zu reflektieren und mit Erfahrungen aus dem Alltag zu vergleichen.

Aktivitäten nach diesem Ansatz sind klar geplant. Die Rolle der Leitung ist begleitend und unterstützend (Coaching!), dabei muss sie zusätzlich über Fertigkeiten im Bereich Gesprächsführung und Moderation verfügen.

Antizipierte Erlebnisse

Dieser Ansatz zeichnet sich durch Vor- und Nachbereitung aus. Die Teilnehmenden werden zunächst auf das kommende Erlebnis vorbereitet. Mit Hilfe gezielter Fragen werden Erlebnisprozesse antizipiert und Meinungen, Einstellungen und Prognosen erfragt, bevor es zum tatsächlichen Erlebnis kommt. Die Vorbereitung dient dazu, die Lernerwartungen zu steigern und gleichzeitig die Ziele und Bedürfnisse der Gruppenmitglieder miteinander abzustimmen. Anschließend an die Aktivität gibt es eine kurze Reflexionssequenz, die mit den anfangs geäußerten Ideen verglichen wird. Die Reflexion dient der Bestätigung des Ergebnisses und dem Transfer in den Alltag.

Die Leitung begleitet so die Teilnehmenden durch ein Szenario, das eng an die Ziele und Bedürfnisse der Einzelnen angelehnt ist. Sie verändert ihre Rolle deshalb vom Führen zum Begleiten und Fördern (Coaching!). Sie muss neben den bereits genannten Qualifikationen Techniken der Gesprächsführung beherrschen und über ein gutes Wissen der Gruppendynamik verfügen.

Metaphorische Erlebnispädagogik

Hier werden die erlebnispädagogischen Aktivitäten möglichst exakt auf die persönlichen Ziele und Lebenssituationen der Teilnehmenden abgestimmt. Das setzt allerdings voraus, dass die Lebenssituation und Ziele der Einzelnen und der Gruppe vorher bekannt sind. Um das Programm planen zu können, muss die Leitung vorher entsprechende Informationen einholen. Sie benötigt zusätzliche Qualifikation im Bereich Psychologie oder Psychodrama. Den Zielen und der Ausgangssituation entsprechend werden solche Aktivitäten ausgesucht, die der Lebenssituation der Teilnehmenden möglichst ähnlich sind.

Die Aktivitäten werden mit Hilfe von passenden Metaphern beschrieben. Das damit initiierte Erlebnis wirkt wie ein Spiegelbild zur Alltagsrealität der Teilnehmenden. Sie durchleben quasi «bildhaft» ihre Situation.

Dieser Ansatz findet nicht mehr zwangsläufig in der Natur statt. Erlebnispädagogik ist damit erstmals vor Ort, in der gewohnten Umgebung durchführbar. So ist die Übertragung auf den Alltag leichter möglich. Klassenzimmer und Büro, Möbel und Alltagsgegenstände, das Team und das Kollegium werden so zur Erlebnis- und Erfahrensquelle.

3 Abenteuerpädagogik

Im alltäglichen Schulunterricht konnte die Natur nicht mehr wie im klassischen Ansatz der Erlebnispädagogik als Quelle für Erlebnisse dienen. Vielmehr wurden Interaktionsspiele und Aufgaben zur Problemlösung entwickelt, um die Klassen und Gruppen auf spielerische Art vor Herausforderungen zu stellen. Weithin bekannt wurden die Kletter- und Seilkonstruktionen (ropes courses), mit deren Hilfe gruppendynamische Prozesse schnell und wirkungsvoll zu initiieren sind.

Wesentliche Grundlagen der Abenteuerpädagogik sind:
- «Challenge by Choice»
- Lernzyklus
- Lernzonenmodell

Abenteuer werden verstanden als initiierte Aktionen mit einer klaren pädagogischen Intention, die geplant und nach ihren Risiken im Vorfeld abgeschätzt werden können. Ein Abenteuer bestehen heißt immer auch ein Wagnis eingehen und etwas riskieren. Abenteuer finden nicht zwangsläufig in der Natur statt, sondern können gerade auch im Alltagsumfeld ein Anreiz zu neuem Erleben sein. Ob mit Hilfe von Interaktionsspielen, Phantasiereisen, Kreativworkshops oder Erlebnissen in der Stadt können Abenteuer in jedem dieser Felder angeboten werden.

Abenteuer helfen eine Beziehung zwischen Körper und Geist herzustellen: die Teilnehmenden wissen und fühlen, dass sie in etwas verwickelt werden, das sie persönlich betrifft. Es entsteht Betroffenheit. Die Möglichkeit, etwas zu erforschen, für das es keine Erfolgsgarantie gibt und dessen Ausgang somit ungewiss ist, erzeugt Aufmerksamkeit und Motivation. Plötzlich entsteht Ehrgeiz und der Wunsch, voll in dieses Erlebnis einzusteigen und sich selbst zu versuchen.

Ich höre und vergesse,
ich sehe und erinnere,
ich tue und verstehe.   *Konfuzius*

Die meisten Abenteueraktivitäten sind so ausgelegt, dass die Gruppenmitglieder sich gegenseitig helfen müssen, um ihre Ziele zu erreichen. Die Teilnehmenden beginnen so den Wert der Unterschiedlichkeit im Team und damit die Grundlagen der Kooperation zu begreifen. Gleichzeitig wird die Erfahrung von gegenseitiger Unterstützung erlebt.

Gerade dieser Aspekt wird in der herkömmlichen Pädagogik oft zu wenig gefördert. Die Möglichkeit zusammen mit anderen zu handeln, ihre Talente und Ideen zu nutzen und zu verarbeiten, ist eine wesentliche Qualifikation in unserer heutigen Gesellschaft. «Teamfähigkeit» wird mittlerweile in den meisten Stellenanzeigen als Einstellungsbedingung gefordert, und diese Anforderung wird weiter steigen, denn Individuen können der zunehmenden Fülle von Ansprüchen in der Berufswelt nicht mehr allein gerecht werden.

Die Teilnehmenden übernehmen je nach Alter selbst Verantwortung für ihr Handeln und Lernen. Darin liegt vielleicht auch ein Grund, warum es erlebnispädagogische Konzepte so schwer mit dem Einzug in unser Schulsystem haben, außer in speziellen Projektwochen, wo genau das oft zum Erfolg führt. Sowohl der Prozess der Zielfindung als auch die Wahl der eigenen Herausforderung stehen unter der Maxime der Entscheidungsfreiheit der einzelnen Teilnehmenden. Die Leitung ermutigt sie, sich neue, eigene Ziele zu setzen und das eigene Verhaltensrepertoire auszubauen und weiterzuentwickeln. Die Spielleitung versucht dazu geeignete Szenarien und Erlebnismöglichkeiten zu schaffen, in denen sich die Teilnehmenden erproben und an ihren Zielen arbeiten können. Oft ist dies eine Situation der Veränderung und des Umbruchs. Die Teilnehmenden sollen dabei ihre eigenen Vorstellungen entwickeln und ihr Verhalten selbst einschätzen.

Ziele

Hauptziele der Abenteuerpädagogik sind die Förderung individueller Fertigkeiten zur Lebensbewältigung und die Entwicklung der Fähigkeit zu zwischenmenschlicher Kooperation und Kommunikation in der Gruppe. Abenteuerpädagogik ermöglicht den Teilnehmenden die Grenzen der eigenen Handlungskompetenz zu erproben und in einem möglichst angstfreien Raum der Gruppe zu lernen und zu wachsen.

Ziele für die Einzelnen:
- Persönlichkeitsentwicklung
- Soziale Kompetenz
- Lernbereitschaft
- Werthaltungen
- Problemlösungsfähigkeit
- Selbstvertrauen
- Kommunikationsfähigkeit
- Kooperationsfähigkeit
- Spaß

Ziele für Teams:
- Gemeinsame und klare Ziele
- Klare Rollen- und Auggabenverteilung
- Offenheit, Ehrlichkeit und Kritikfähigkeit zu Gunsten des Teamauftrages
- Vereinbarte Arbeitsqualität
- Vertrauen
- Spaß

Lernmodell

Ziel jeder pädagogischen Aktion ist es letztlich, den Teilnehmenden mit Hilfe der geeigneten Methode die beste Möglichkeit zu bieten, etwas zu lernen. Dabei geht es weniger um ein willkürliches Erfahrungslernen als um ein gezieltes Erfassen von Zusammenhängen, das hilft, uns in der Wirklichkeit besser zurechtzufinden. «Coping skills» werden die Fertigkeiten und Verhaltensweisen genannt, die dem Menschen erlauben, angemessen auf seine Umwelt zu reagieren, sich zu entwickeln, aber auch seine Umwelt entsprechend zu formen.

Um diesen Lern- und Veränderungsprozess erfolgreich zu gestalten, müssen drei Vorbedingungen gegeben sein:

a) Notwendigkeit
Erste Vorbedingung für jedes Lernen ist ein gewisses Maß an Unzufriedenheit, Problembewusstsein, Verwirrung oder sonstige Anstöße. Gerade die Unzufriedenheit wird als wichtige Motivationsgrundlage für Veränderungen gesehen.

Die Abenteuerpädagogik versucht durch aktivierende Aufgabenstellung Menschen gezielt an die Grenzen ihres gewohnten Handlungsspielraums zu führen. Unter sorgfältig vorbereiteten und sicheren Bedingungen können die Teilnehmenden so einen Schritt

Aus: kuki, rex verlag luzern

aus ihrer «Komfortzone» wagen, sich auf ungewohntes und unsicheres Gebiet begeben und somit bewusst ein Risiko eingehen und Gefahren abschätzen lernen. Genau hier wird Erproben von Neuem möglich.

Dennoch bleibt diese Arbeit an der Grenze unvorhersehbar, weil Grenzerfahrungen nicht beliebig produziert werden können. Es kommt darauf an, Grenzsituationen zu erkennen und als Lerngelegenheit zu verstehen. Das Unvorhergesehene sollte weniger als Störfaktor denn als Chance gesehen werden. Fehlversuche sind gewagte Grenzüberschreitungen und deshalb als willkommene Lernchance und persönliche Standortbestimmungen anzuerkennen. Die Gruppe ist zu Einsatz, Anstrengung, Risikobereitschaft und Versuchsfreudigkeit zu ermuntern.

Die Spielleitung hat durch ihre Erfahrungen und Fachkenntnisse gegenüber den Teilnehmenden eine erweiterte Komfort- und Risikozone, um so bewährte Sicherheitspunkte ins Abenteuer einbringen zu können. Sollte die Gruppe an der Sicherheitsgrenze der Leitung angelangt sein, so muss ein solches Abenteuer abgebrochen werden, da weder die Teilnehmenden noch die Leitung für die Sicherheit garantieren können. Jenseits des Grenzbereichs der Leitung herrscht Chaos oder es kann sogar sein, dass dort um das Leben gekämpft wird. Das ist kein Lernfeld mehr!

b) Vision

Die zweite Vorbedingung für erfolgreiches Lernen ist eine lohnende Vision, ein sinnvolles Ziel oder ein Bild über veränderte Zustände. Die Leitung ist gefordert, sensibel Orientierungshilfen zu geben und das Vertrauen in Veränderungsprozesse zu stärken. Der Bewusstseinsprozess hat neue Perspektiven erschlossen, für die es sich lohnt an sich zu arbeiten. Idealerweise formulieren die Teilnehmenden diese Hoffnung in eigenen Zielen.

c) Lernklima

Dritte Vorbedingung sind eine vertrauensvolle Atmosphäre und Zusammenarbeit in der Gruppe. Aus pädagogischer Sicht setzt effektives Lernen ein Umfeld voraus, in dem angstfrei ausprobiert werden kann und wo die Lernenden positive Rückmeldungen und Verstärkungen erfahren.

Ein Lernen in Gruppen bedeutet, dass die Einzelnen darin unterstützt und ermutigt werden, neue Verhaltensweisen auszuprobieren und zu entwickeln. Aus diesem Grund erweist sich der Gruppenvertrag als eine wesentliche Stütze jedes Lernens.

In der pädagogischen Begleitung (Coaching) zeigt sich die Kunst: Prinzipiell muss jede teilnehmende Person ihren Weg selbst finden und vor allem selbstständig Entscheidungen fällen. Die Verantwortung und damit auch die Wahl der Grenzerfahrung obliegt dem Einzelnen und nicht der Leitung. Ohne Unterstützung, das heißt vor allem ohne Beziehung, gegenseitiges Vertrauen, Verlässlichkeit und Verantwortungsbewusstsein ist eine Herausforderung nicht sinnvoll.

Ein positives Lernklima wird durch folgende Faktoren beeinflusst:
- Zugehörigkeit
- Akzeptanz
- Verantwortung
- Wertschätzung
- Sicherheit

Coaching

Die Spielleitung trägt einen wesentlichen Anteil zur sorgsamen und vorsichtigen Begleitung (Coaching) jedes einzelnen Teilnehmenden bei. Kurz vor dem Überschreiten der Grenze in den Risikobereich bewegen sich die Teilnehmenden immer noch in ihrer Komfortzone. Je näher die eigenen Grenzen kommen, desto größer werden Unsicherheit und Angst. Das Erreichen des eigenen Erfahrungshorizontes und der eigenen Handlungsfähigkeiten wird oft mit einem «Kribbeln im Bauch» beschrieben. Hier entscheidet es sich, ob der/die Teilnehmende zurücktritt oder sich überwindet und die Chance ergreift, etwas Neues auszuprobieren.

Unsicherheit durchzustehen und Angst auszuhalten ist für die Teilnehmenden unangenehm. Deshalb versuchen sie unbewusst durch gewohnte Abwehrmechanismen, wie z.B. Lachen oder Intellektualisieren, von diesen Gefühlen abzulenken und die Lage wieder zu kontrollieren.

Es ist deshalb notwendig, dass die Spielleitung über psychische Abwehrmechanismen Bescheid weiß, um diese erkennen zu können. Egal wie sich die Person entscheidet, liefert dieser Entscheidungsprozess eine Menge an wertvollen Informationen, über die in der Reflexionsphase gesprochen werden kann.

Der entscheidende Moment ist der Schritt über die eigene Grenze, welcher immer aus eigenem Antrieb geschehen muss. Dieser Schritt ist als Durchbruch zu neuem Wissen oder Verhalten zu verstehen, der zugleich ein Ausweiten des eigenen Erfahrungshorizontes werden kann.

Eine vertrauensvolle Atmosphäre und vorher besprochene Unterstützungsmaßnahmen können die Entscheidung erleichtern. Manche Teilnehmende brauchen Ermunterungen, andere wollen sich lieber ungestört konzentrieren.

Folgende Faktoren beeinflussen das Verhalten an der Grenze zur Risikozone positiv:

Hoffnung
- positive Erfahrungen von früheren Teilnehmenden
- aktiv auf zu erwartende Perspektiven eingehen
- persönliche Ziele oder Teilschritte der Teilnehmenden ernst nehmen

Vertrauen
- Vertrauen zu Gruppenmitgliedern, Spielleitung und Material aufbauen
- je größer das Vertrauen, desto höher die Bereitschaft, ein Risiko einzugehen

Gefühle
- Gefühle bewusst wahrnehmen und daraus lernen
- Gefühle aussprechen

Körper
- verkrampfte Körperpartien lockern
- ruhig atmen

Wertvorstellungen
- Werte in Beziehung zur Gruppe besprechen
- Vorurteile und Einstellungen überprüfen, neue Werte ausprobieren

Mitteilungen
- stillen Dialog der Teilnehmenden «aufbrechen»
- nachfragen

Unterstützung
- über Hilfsmittel sprechen (z.B. Theoriebuch, Glücksbringer usw.)
- persönliche Unterstützungen, Art und Weise der Hilfe ansprechen

Der Moment nach dem Durchbruch in die Risikozone wird dann als Erfolg gewertet, wenn die Teilnehmenden sich trauen an ihren Zielen zu arbeiten, unabhängig davon, ob ihr Versuch gelungen ist. Wer sich aus der Komfortzone (Gewohnheiten) wagt, verdient allein schon deshalb Anerkennung, denn er oder sie zeigt damit Lernbereitschaft und Offenheit für Neues. Diese Leistung sollte auf alle Fälle honoriert und gefeiert werden, um das eben gemachte Erlebnis zu verstärken.

Erlebnisse bewirken zum Teil starke emotionale Gefühlsregungen, welche unmittelbar nach dem Erfolg ausgelebt werden sollten.

Motivation

In der Abenteuerpädagogik müssen sich die Teilnehmenden in eine für sie neuartige Situation begeben, in einen Zustand der Unsicherheit, des Ungleichgewichtes. Aber warum sollten die Teilnehmenden sich dieser Herausforderung stellen und damit ein Risiko eingehen?

Der Mensch wird bestimmt durch ein Streben nach Sicherheit und Geborgenheit und gleichzeitig durch den Wunsch nach Neuem, nach Wachstum und Veränderung. Alle Menschen suchen bewusst und unbewusst Situationen und Aufgaben, die zur optimalen Stimulation führen, in der sie als Person souverän handeln können und somit eine hohe Leistungsfähigkeit haben, gleichzeitig aber Neues erfahren dürfen. Je nach Art der Aufgabe oder der Situation kann es aber auch zu einer Unter- oder Überforderung kommen. Dann nimmt die Leistungsfähigkeit ab.

Erfüllende Erlebnisse («Flow»-Erlebnisse) bei Spielaktivitäten sind nach Csikszentmihaly weitgehend abhängig von der Wechselwirkung zwischen dem Grad der Herausforderung und den individuellen Fähigkeiten der Einzelperson oder der Gruppe. Die passende Differenzierung erhält eine entscheidende Bedeutung. Die Spielleitung und die Teilnehmenden einigen sich gemeinsam darauf, was und welche Anpassungen gemacht werden bezüglich Ziel, Inhalt, Methoden, Umfeld und Material sowie Auswertung, damit sich möglichst alle Beteiligten im «Flow-Bereich» befinden. Während der Spielaktivität müssen oft weitere Anpassungen gemacht werden, damit aufkommende Momente von Angst oder Langeweile nicht andauern.

Eine Spielaktion muss folgende Bedingungen erfüllen, damit es zu einem Flow-Erlebnis führt:

- freiwillige Teilnahme
- aktive Beteiligung der Teilnehmenden
- Zentrierung der Aufmerksamkeit der Teilnehmenden
- Gefühl der Kompetenz und Kontrolle seitens der Teilnehmenden
- Klarheit der Ziele
- ein mit den Teilnehmenden abgesprochenes Risiko
- Möglichkeit der direkten Rückmeldung

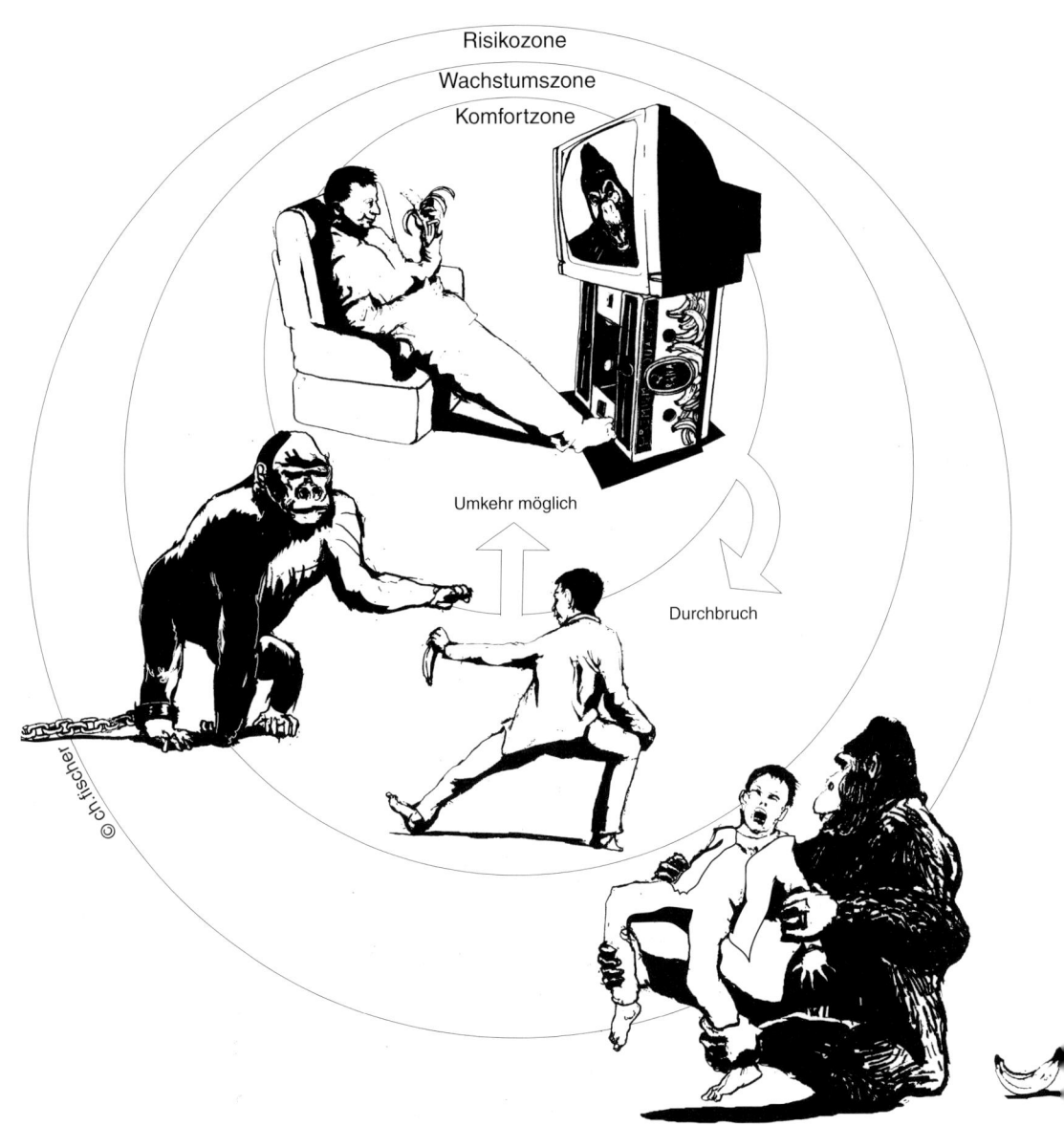

Risikozone

Wachstumszone

Komfortzone

Umkehr möglich

Durchbruch

© ch.fischer

Abenteuer-Pädagogik bewegt sich dynamisch zwischen Komfort- und Risikozone.

Spielpädagogik

In diesem Buch werden vorgestellt:

* Aufwärmspiele
* Wahrnehmungsspiele
* Kooperationsspiele
* Abenteuerspiele
* Abenteueraktionen
* Reflexionsübungen

Die einzelnen Spiele sind wie Teile eines Bausatzes. Sie können jeweils für sich alleine gespielt, aber auch in Abfolge zu ganzen Spieleinheiten zusammengestellt werden. Bei einer aus mehreren Spielen kombinierten Spielkette sollte darauf geachtet werden, dass alle einzelnen Spiele inhaltlich oder thematisch miteinander verbunden sind und in einem sinnvollen pädagogischen Zusammenhang stehen.

Dabei ist zunächst ein Zielrahmen zu formulieren und damit der Zweck der Spieleinheit zu umschreiben. Eine Spielkette besteht aus verschiedenen Spielen, die sich in ihren Anforderungen an die Teilnehmenden stetig steigern. Dabei muss die Spielleitung flexibel bleiben, um auf Wünsche, Spielsituationen und Gruppenveränderungen eingehen zu können.
Um die Spielaufgabe zu lösen, bedarf es von den Gruppenmitgliedern einen hohen Einsatz an Engagement auf physischer, kognitiver und emotionaler Ebene sowie ein hohes Maß an Kooperation und Koordination. Während eines Abenteuerspiels darf es ruhig einmal «ernst» oder gar «frustrierend» zugehen, aber wenn die Gruppe ununterbrochen von einer Problemlösung zur nächsten eilen muss, verlieren die Teilnehmenden die Lust. Deswegen ist es wichtig, immer wieder Spiele einzubauen, die ein Erfolgserlebnis bescheren oder bei denen der Spaß ganz oben steht. Den Abschluss einer gelungenen Spielkette sollte stets eine Reflexion bilden, wo die Erlebnisse und Erfahrungen der Teilnehmenden ausgewertet werden. Auswertungsrunden sollten nicht nur am Ende geplant, sondern immer wieder nach einzelnen Spielabschnitten eingefügt werden.

Spielelemente

Die komplexe Spielstruktur setzt sich aus verschiedenen Elementen zusammen, die je nach Voraussetzungen (Alter, Können usw.) den Beteiligten angepasst werden müssen.

* **Umfeld/Spielraum**
  Kleinere Spielräume erleichtern die Spielübersicht.
* **Kleingruppen**
  Sie erhöhen die Chance auf aktives Mittun und Erfolg für möglichst viele Mitspielende.
* **Einzelspieler/Spielgruppen**
  Die Spielenden haben individuell unterschiedliche Spielerfahrungen und Spielvorstellungen und bringen unterschiedliche Voraussetzungen mit. Was für die einen Spannung, Abenteuer und Lust auslöst, kann für die anderen Frustration, Stress oder Angst bedeuten. Die Stärken/Schwächen der Spielenden sollen im Spielprozess integriert und die Spielstrukturen entsprechend angepasst werden.
* **Angepasste Spielhandlungen**
  Die Schwierigkeit ist dem Können der Spielenden anzupassen.
* **Angepasste Spielregeln**
  Die Regeln sind dem aktuellen Spielverständnis und den Spielfähigkeiten der Beteiligten anzupassen. Die Spielenden sollen sich der Spielidee und den vereinbarten Spielregeln unterordnen oder aber Vorschläge machen, wie die Attraktivität oder die Spielspannung verbessert werden kann.

- **Spiel-Ende**

  Nach Spielschluss werden nochmals alle zusammengerufen. Wenn nötig sind Kinder zu beruhigen. Konflikte oder Unklarheiten sind in der Auswertung zu thematisieren und das Spielmaterial ist ordentlich wegzuräumen.

Spielentwicklung

Bei der Planung von Abenteuer- und Erlebnisspielen sollten die folgenden Punkte beachtet werden:

- **Spielstruktur**

  Wenn Spiele beherrscht werden, dann passen sich die Spielenden den vorgegebenen Spielstrukturen und Spielregeln an. Um des Spielens willen müssen jedoch beim Lernen neuer Spiele die Spielstrukturen oft an die Spielenden angepasst werden.

- **Fairness: ohne Aggression und Gewalt**

  Das faire Verhalten kann bei einfachen Spielformen geübt werden. Fair spielen heißt spielen ohne Aggression und Gewalt gegen Personen. Fairness hängt entscheidend von den Regeln und der Spielorganisation ab.

- **Regeln laufend entwickeln**

  «So wenig Regeln wie möglich, so viele wie nötig!» Die Regeln werden laufend entwickelt und den jeweiligen Spielsituationen und Spielbedürfnissen angepasst. Langsam und schrittweise werden die offiziellen Sportspielregeln eingeführt.

- **Taktik und Technik**

  Taktik, als Möglichkeit der Spielgestaltung verstanden, ist ein Teil der Spielerziehung. Technische Fertigkeiten mit den taktischen Möglichkeiten sollen den Spielenden aufgezeigt und von ihnen dann erprobt und optimiert werden. Dabei sollen Einsatzmöglichkeiten auch im Dialog erarbeitet werden.

- **Spielfreude**

  Jedem Spiel liegt ein Spielgedanke zu Grunde. Auf jeder Stufe des Könnens gilt es, Spielidee, Spannung (Gelingen – Nichtgelingen) und die Spielfreude immer wieder zu suchen und zu erhalten, sonst verliert das Spiel seine Faszination.

- **Leitung**

  Der Animator oder die Animatorin von Spielen mahnt die Spielenden mit folgenden Weisungen:
  - Zurufen der besprochenen Regeln
  - Lob oder Tadel des entsprechenden Verhaltens der Kinder
  - Außer Kontrolle geratene Situationen durch kurze Spielunterbrüche wieder in Griff bekommen
  - Unfallrisiko einschränken (Uhren und Schmuck abziehen, gefährliches Umfeld sichern usw.)

- **Organisation**

  Effiziente Organisationsformen, auf die Gruppe angepasst, vermeiden Wartezeiten und negative gruppendynamische Prozesse, welche den Spielfluss stören.

- **Spielmaterial**

  Es muss der Zielgruppe gerecht gewählt werden. Beim erstmaligen Spiel kann z. B. ein Softball als Ersatz für einen harten Ball gute Dienste leisten.

4 Planung und Methodik

Die folgenden methodischen Tipps sollen Hilfestellungen für eine gute Spielplanung sein, haben aber nicht den Anspruch auf Vollständigkeit.

Rahmenbedingungen

Rahmenbedingungen sind Faktoren, die weder durch Spielende noch durch Leitende beeinflusst werden können. Sie können einschränken und Spielaktivitäten wie Lernklima stark beeinflussen. In der folgenden Tabelle ist aufgelistet, was beim Spielen an bestimmten Spielorten und in gewissen Situationen jeweils zu berücksichtigen ist.

Spielorte

Asphalt/ Hartplatz	Nicht barfuß spielen. Schürfungen vermeiden: Regeln aufstellen, welche schnelles Hinfallen vermeiden! Nicht benutzte Parkplätze sind mögliche Spielfelder (beim Erkunden abklären). Spielfeld so einteilen und Tore so anordnen, dass möglichst keine Bälle auf benachbarte Straßen geraten.
Spielplatz/ Fußballfeld	Beim Erkunden Benützungsmöglichkeiten abklären. Bei Regen und Nässe nicht benutzen. Eigene Markierungen mit Sägemehl stören möglicherweise den nächsten Match (mit Platzwart absprechen), evtl. kleine Hütchen zur Markierung verwenden.
Turnhalle	Für Schlechtwetterperioden eine gute Abwechslung (man kann gleichzeitig duschen). Beim Erkunden abklären: – mögliche Benützungszeiten – Schlüsselbezug – allfällig nötiges Gesuch – Einrichtungen und Gerätebedienung Geräte verführen zum Ausprobieren: klare Anweisungen und eine straffe Leitung sind nötig! Hallenturnschuhe sind meist Vorschrift (keine Turnschuhe mit schwarzen Sohlen)! Am Schluss alles aufräumen, reinigen und sich bedanken.
Wald	Auf Schongebiete, Sperrzonen, Aufforstungen Rücksicht nehmen. Jagdzeiten und Setzeiten der Rehe beachten. Dickichte sind Zufluchtsorte für das Wild. Am Schluss wieder alle Spieleinrichtungen und -markierungen abräumen. In unübersichtlichem Gelände Grenzen bekannt geben und Treffpunkte für Verirrte bezeichnen. Trainingsanzug schützt besser als Turnhose und -leibchen gegen Dornen, Zecken, Schürfungen.

Wiese	Nicht nach Regenfällen benützen. Wiese mit hohem Gras nach Absprache mit dem Landbesitzer mähen lassen/abgrenzen. Feste Spieleinrichtungen (Tore, Netz usw.) alle 2–3 Tage verschieben (Graswuchs!). Durch gezielte Einteilung der Spielfelder, Torstellung usw. dafür sorgen, dass möglichst keine Bälle ins benachbarte Grundstück geraten.
Gewitter	Bei Blitzschlag sollten gemieden werden: – ausgesetzte Orte (z.B. Wiesen, Kuppen) – Einzelne oder kleine Gruppen – zusammenstehende Bäume und Waldränder – Objekte oder Konstruktionen aus Metall (Fahrrad) Empfohlene Orte während Blitzschlag: – mitten im Wald, ohne sich an die Stämme oder Äste zu lehnen – in Häusern oder Autos
Regen	Bei kühler Witterung sofort nach Spielaktivitäten die feuchten Kleider wechseln! Mögliche Spielorte «unter Dach» vorher abklären: Schulhaus-/Pausenhalle, Parkgarage, unter Brücken usw. Intensive Spielformen durchführen, damit alle Kinder und Jugendlichen immer in Bewegung sind!
Schönes Wetter	Bei sonnigem Wetter oder großer Hitze ist zu beachten: Die Spielaktivität auf jeden Fall an die Wettervorhersage anpassen. Sich über die Ozonwerte informieren und evtl. die Aktivität sogar absagen. Weitere Schutzmaßnahmen: – Sonnencreme anwenden und die Sonneneinstrahlung nie unterschätzen – Sonnenhut tragen, um einen Sonnenstich oder andere ähnliche unange- nehme Folgen zu vermeiden, vor allem bei intensiver Sonnenbestrahlung oder extremen Bedingungen (z.B. im Strandbad, Hochgebirge) – kurze Hosen oder eine andere passende, leichte Bekleidung tragen – viel trinken
Schnee	Unterschiedliche Schneearten verunmöglichen gewisse Spiele, erlauben andere wiederum. Daher viele Spielmöglichkeiten in Reserve halten! Die Nässe ist das größere Problem als die Kälte. Meistens haben die Kin- der und Jugendlichen zu viele Kleider an und schwitzen beim Spielen. Gegen Nässe ist ein Regentrainer der beste Schutz. Beim Rutschen auf die Gefahr durch Äste und Steine im Hang achten!

Situationen

Unfälle	Alle Leitenden haben eine Nottfallapotheke und ein Mobil-Telefon dabei! Was ist bei einem Unfall zu tun? Die Teilnehmenden tragen eine Kopie des J+S-Notfallblatts (siehe Unfallorganisation) auf sich. Verhalten bei Unfällen mit den Teilnehmenden einmal üben. *Wichtig: Sicherheitskonzept erstellen, in der Schweiz J+S-Notfallblatt 30.92.430 bestellen oder aus diesem Buch kopieren (Seite 36).*
Wind	Wind kann gewisse Spiele verunmöglichen. Daher Ersatzformen der vorbereiteten Spiele oder anderes Spielmaterial verwenden! Wind kann den Körper unterkühlen. Guter Schutz bietet ein Regentrainer. Starker Wind kann Äste oder Bäume zum Umfallen bringen, deshalb sollten Orte mit altem Baumbestand bei Sturm gemieden werden!

Aus: kuki, rex verlag luzern

Spielvariationen

Jedes noch so spannende Spiel hat gute Chancen zu einem Flop zu werden, wenn es nicht der entsprechenden Situation angepasst wird, in der sich eine Gruppe gerade befindet. Spiele lassen sich in der Regel vielfältig variieren und auf verschiedenste Art und Weise verändern. Wenn die Spielleitung oder die Teilnehmenden ihrer Fantasie bei solchen Änderungen freien Lauf lassen, kommt dabei oft ein ganz neues, spannendes Spiel heraus.

Beispiele

- *Orte wechseln*
  Die Gruppe muss sich gemeinsam, meist über einen festgelegten Weg, von einem Ort A zum Ort B bewegen.
- *Hindernisse bewältigen*
  Die Gruppe muss über etwas hinüber, unter oder durch etwas hindurch, in etwas hinein, aus etwas heraus usw. gelangen.
- *Plätze tauschen*
  Ein Teil der Gruppe muss nach bestimmten Regeln ihren Platz mit einem anderen Teil tauschen.
- *Führen und geführt werden*
  Ein Teil der Gruppe vertraut sich, meist mit geschlossenen Augen, einem anderen Teil an.
- *Raum begrenzen*
  Die Gruppe muss auf engem Raum zusammenkommen und eine Aufgabe lösen.
- *Objekte suchen*
  Ein oder mehrere Objekte müssen gefunden und/oder eingesammelt werden.
- *Objekte fangen oder treffen*
  Ein oder mehrere Objekte müssen aufgefangen, abgefangen oder getroffen werden.
- *Objekte transportieren*
  Ein oder mehrere Objekte müssen transportiert werden.

- *Strukturen konstruieren*
  Ein Objekt oder eine Struktur soll aus verschiedenen Objekten hergestellt, wiederhergestellt oder in ein Gleichgewicht gebracht werden.
- *Anordnungen erstellen*
  Die Gruppe oder ein Teil der Gruppe muss sich selbst in einer bestimmten Struktur anordnen oder in ein Gleichgewicht bringen.
- *Bewegung realisieren*
  Die Gruppe muss selbst ununterbrochen in Bewegung bleiben oder sie muss dafür sorgen, dass bestimmte Objekte nie zur Ruhe kommen (Ballon in der Luft).
- *Halten und Auffangen*
  Die Gruppe muss einzelne Gruppenmitglieder stützen, auffangen, sichern oder ihnen irgendwie eine angenehme Erfahrung bereiten.
- *Kontakt herstellen*
  Andere Menschen müssen angesprochen, befragt oder um etwas gebeten werden.
- *Informationen sammeln und verarbeiten*
  Die Gruppe muss Informationen zusammentragen, austauschen und/oder entschlüsseln.
- *Sachverhalte und Einschätzungen präsentieren*
  Die Gruppe muss ihre Ergebnisse oder Einschätzungen verbal, zeichnend oder schauspielernd darstellen.
- *Wahrnehmung schärfen*
  Mitspielende oder Ereignisse in der Natur müssen optisch oder akustisch genau beobachtet werden.
- *Einschätzungen vornehmen*
  Individuelle oder kollektive Leistungen müssen im Voraus geschätzt sowie Ansprüche und Ziele in der Gruppe vereinbart werden.
- *Ressourcen verhandeln*
  Untergruppen mit gleichen oder ähnlichen Aufgaben müssen die Verteilung von Materialien und den Einsatz von Strategien aushandeln.

Einschränkungen als Chance

Eine weitere Möglichkeit zur Variation von Spielformen können verschiedene «einfache» Handicaps sein, die Situationen erschweren und in anspruchsvolle Herausforderungen verwandeln. Diese Handicaps können einzeln oder auch in Kombinationen eingeführt werden. Hier ein Überblick:

- *Einschränkung der Wahrnehmung*
  Die Gruppe oder eine Teilgruppe muss die Aufgabe «blind» (mit aufgesetzten Augenbinden) bewältigen.
- *Einschränkung der Kommunikation*
  Die Gruppe oder eine Teilgruppe darf nur flüsternd miteinander sprechen, gar nicht miteinander sprechen, nur schriftlich kommunizieren oder körperlich keinen Kontakt aufnehmen.
- *Einschränkung der Bewegungsmöglichkeit*
  Hände, Arme, Füße oder Beine dürfen nur beschränkt (werden z. B. zusammengebunden) oder gar nicht eingesetzt werden. Als weitere Variante wird ein bestimmter Bewegungsablauf (nur kriechen) vorgegeben.
- *Einschränkung des Materials*
  Materialien werden auf ein Minimum reduziert, müssen von der Gruppe selbst reduziert werden (selbst auswählen, welches Material nicht genommen wird) oder werden nach und nach aus dem Spiel genommen.
- *Einschränkung der Zeit*
  Die Zeit für die Planung oder Durchführung des Spiels wird von Anfang an vorbestimmt und zugleich beschränkt. Bei Regelverletzungen (nicht Einhalten der Zeit) resultieren zusätzliche Zeitverluste.

Vorbereitung von Spielaktivitäten

Die Planung eines Spieles ist nur der erste Schritt. Bei der Durchführung muss das Spiel von einer Person erklärt und geleitet werden. Damit eine optimale Durchführung gewährleistet ist, muss die Spielleitung bereits bei der Planung einiges beachten und sich auf mögliche Situationen vorbereiten. Was zu beachten ist, zeigt die folgende Checkliste:

Planung (zu Hause)
Spielfeld
- Das Spielfeld wird den gegebenen Bedingungen angepasst: Größe von Außenplatz/Spielwiese (Turnhalle) oder der geeigneten Fläche im Wald.
- Mögliche Gefahrenquellen draußen (nasser Boden, Wiese, Unebenheiten, weitere fest installierte Geräte usw.) müssen in der Planung berücksichtigt werden.
- Als Unterlage des Spielfeldes sollte Stein- oder Betonboden vermieden werden. Empfehlenswert ist Waldboden oder Wiese.
- Die Spielfläche lieber kleiner wählen, weil so vor allem die Kinder einen guten Überblick behalten und so besser mitmachen können.

Kleine Gruppen
- Möglichst in kleinen Gruppen spielen, damit möglichst viele Teilnehmende sich aktiv beteiligen können.
- Je größer die Gruppen werden, desto größer kann das Spielfeld markiert werden.

Motivation
- Die wichtigste Voraussetzung ist, dass die Spielleiterin oder der Spielleiter selbst Lust am Spielen hat: durch Anteilnahme (Gefühle) zeigen.

Regeln
- Entscheiden, welche Regeln zwingend notwendig sind und welche aus taktischen Gründen weggelassen werden können.

Material

- Möglichst wenig oder einfaches Material für die kleineren Spielformen einplanen.
- Weiche Bälle (Softbälle) für Ballspiele verwenden.
- Material muss in einem einwandfreien Zustand sein.

Spiel-Ende

- Festlegen, wie das Spiel bewertet und wie die Rangverkündigung (Siegerehrung) gestaltet wird?

Vorbereitung direkt vor der Spielaktivität:
Spielfeld

- Das Spielfeld ist klar zu kennzeichnen, z. B. mit Fähnchen, farbigen Spielbändern an den Ecken oder mit Malstäben.
- Spielfeld abmarschieren und nach gefährlichen Gegenständen (Steine, Glasscherben) absuchen.
- Die Grenzen des «Spielfeldes» den Teilnehmenden bekannt geben, evtl. mit der ganzen Gruppe der Grenze einmal entlanggehen.

- In unübersichtlichem Spielgelände (Flussbiegungen, Schilf am Seeufer usw.) bereits zu Beginn den Treffpunkt nach Spiel-Ende an einem bekannten Ort festlegen.

Kleine Gruppen

- Verantwortliche beauftragen, die jeweils eine kleinere Gruppe von Jugendlichen betreuen.

Motivation

- Eine Vorbereitungs- oder Anwärmphase vor sehr intensiven Bewegungsaktivitäten einplanen.
- Einen thematischen Einstieg mit einer Geschichte verbinden.
- Das Spiel aufgrund der allgemeinen Stimmung und der zur Verfügung stehenden Zeit wählen.
- Oft und leicht essen (auf extrem fettreiche Nahrung verzichten).

Regeln

- Den Spielabbruch mittels Pfeife oder Horn klar festlegen und den Teilnehmenden mitteilen.

Aus: kuki, rex verlag luzern

- Wenn nötig Verbote aussprechen: z.B. gepflügte Felder nicht betreten, kein Obst stehlen, geschützte Arten in der Natur respektieren, die Tiere im Wald nicht aufscheuchen, nicht in Privatbesitz eindringen, andere Leute, die sich in der Nähe aufhalten, nicht verärgern, sich gegenüber der Natur fair und verantwortlich zeigen.

Material
- Spielmaterial bereitstellen (mit Materialkontrolle: ist alles in Ordnung?).

Spiel-Ende
- Den genauen Zeitplan der Aktivität und Auffangzeiten («spätestens ...») bestimmen.
- Mit den Teilnehmenden ein Notfallsignal abmachen (z.B. Horn bedeutet Spielabbruch).

Durchführung der Spielaktivität

Spielfeld
- Nie den Sicht- oder wenigstens Hörkontakt zueinander verlieren.

Kleine Gruppen
- Gruppe mit Spiel einteilen (kein «freies Wählen»!).

Motivation
- Genügend Flüssigkeit zum Trinken bereitstellen und die Möglichkeit geben, auch davon zu trinken (Tee, Wasser, verdünnter Fruchtsaft).
- Niemanden zum Mitspielen zwingen (dies verdirbt höchstens den anderen die gute Laune).

Regeln
- Das Spiel so erklären, dass es alle verstehen, am besten in wenigen Sätzen zusammenfassen.

- Einfache Spielregeln festlegen und konsequent durchsetzen!
- Die Spielregeln nach Bedarf abändern, aber die Änderungen vorher mit den Mitspielenden absprechen.
- Sich nie allein von der Gruppe entfernen.

Material
- Material an die Teilnehmenden (oder Gruppen) verteilen.

Spiel-Ende
- Das Spiel kurz nach dem Höhepunkt abbrechen und eventuell ein neues beginnen.
- Sieg und Niederlage werden festgestellt, aber nicht hochgespielt.

Abschluss
- Nach einer Anstrengung die verschwitzten Kleider wechseln.
- Abfälle einpacken.
- Die Gruppe zu einer Phase des Ausklangs und der Ruhe versammeln.
- Anzahl der Teilnehmenden (Kinder, Jugendliche) nochmals kontrollieren.

Sicherheit bei Spielen im Freien

Hier werden einige Überlegungen zum Thema Sicherheit bei Geländespielen gemacht. Grundsätzlich gibt es keine Patentrezepte bezüglich Sicherheit. Jedes Geländespiel ist anders und verlangt nach eigenen Sicherheitsüberlegungen und -maßnahmen.

• **Gelände**
Grenzmarkierungen des Spielfeldes gut sichtbar kennzeichnen, Spielfeldgrenzen mit den Teilnehmenden vor dem Spiel abmarschieren (auf Gefahren hinweisen), Auffanglinien zeigen und richtiges Verhalten erklären.

• **Nacht**
Einfaches Gelände auswählen (offener Wald), ruhige Spielabläufe planen, Taschenlampen an Teilnehmende abgeben (evtl. Notfeuer errichten), evtl. Gelände mit den Teilnehmenden am Tag besichtigen.

• **Special effects**
Wenn möglich auf special effects verzichten, und wenn notwendig führen nur Erwachsene oder die Spielleitung diese durch.

• **Wetter**
Lange Wartezeiten für die Spielenden vermeiden, Möglichkeiten zum Aufwärmen (Haus, Unterstand, Feuer usw.) anbieten, bei Schnee oder im Nebel in der Spielleitung nochmals sorgfältig die Durchführung abwägen, Alternativen für schlechtes Wetter bereithalten.

• **Ausrüstung und Spielgegenstände**
Gefährliche Gegenstände ersetzen oder weich einpacken, Begegnungen gewaltlos (gewaltfreie und klare Regeln) gestalten, auf situationsbezogene, richtige Ausrüstung der Teilnehmenden (Schuhe, Jacke, Handschuhe usw.) achten.

• **Erste-Hilfe-Posten**
Weg zum Erste-Hilfe-Posten den Spielenden vor dem Spiel zeigen, Weg gut markieren, eine Person der Spielleitung ist jederzeit beim Erste-Hilfe-Posten, zweckmäßige Einrichtung des Postens.

• **Verhaltensregeln**
Spiel gedanklich durchspielen und «unmögliche» Spielentwicklungen vorausdenken, Sicherheitsregeln mit entsprechenden Überlegungen genau erklären, Verhaltensregeln im Spiel aufstellen, Abbruch oder Schluss vor Spielbeginn klar festlegen (Zeitpunkt, Ort, Signal), Uhrzeit abgleichen.

Unfallorganisation

Bei der Unfallorganisation kann nach dem Prinzip Schauen – Denken – Handeln vorgegangen werden. Das bedeutet:

Schauen
(Übersicht gewinnen)
- Was ist passiert?
- Wie viele Personen sind verletzt?
- Wie schwerwiegend sind die Verletzungen? (Grobbeurteilung)

Denken
- Bestehen weitere Gefahren für Patienten und Helfende?
- Welche Sofortmaßnahmen sind nötig?
- Sind Hilfsmittel vorhanden (Helfende, Material)?
- In welcher Reihenfolge sind verletzte Personen zu behandeln? Grundsätzlich zuerst regungslose, danach erst laut schreiende Patienten berücksichtigen.
- Ist Aufgabenteilung zu organisieren?

Handeln
- Sichern der verletzten Personen und der Helfenden!
- Unfallstelle absichern
- Verletzte aus der Gefahrenzone bergen, ohne sich selbst in Gefahr zu bringen!
- Lebensrettende Sofortmaßnahmen: «GABI» (resp. ABC).
- Alarmieren
- Transportfähigkeit prüfen
- Schutz der verletzten Person vor Witterungseinflüssen (Sonne, Regen, Kälte).

- Dauernde Überwachung, allenfalls erneute Durchführung der lebensrettenden Sofortmaßnahmen
- Jede unnötige Manipulation am Patienten vermeiden, Kleider und Schuhe belassen.
- Je nach Alter und Zustand müssen auch beteiligte, aber unverletzte Personen beaufsichtigt werden.

Transport
Durch professionelle Retter, oder, wenn die Verletzten dadurch wirklich nicht weiter gefährdet werden, selbst transportieren.

Informieren
- Die Angehörigen benachrichtigen.
- Eine umgehende schriftliche Meldung muß an die zuständigen Versicherungen weitergeleitet werden.

Notfallblatt
Zum Nachschlagen in Notfallsituationen ist ein Buch wenig geeignet. In der Schweiz stellt Jugend und Sport (J+S) ein Notfallblatt zur Verfügung, das als Gedächtnisstütze und Arbeitshilfe dient und auch vorbeugende Maßnahmen enthält. Es fasst das Wichtigste zusammen, enthält einen Alarmierungsauftrag und bietet vorgedruckte Formulare als Patienten- und Unfallprotokoll. Zudem sind eine Zusammenfassung der Unfallorganisation und ersten Hilfe darauf zu finden. Vor allem aber findet es in einer Hosentasche Platz.

Alarmierung des Rettungsdienstes

Eine präzise Meldung erzielt eine wirkungs-volle Hilfe. Aus diesem Grund wird am Unfallplatz alles, was mitgeteilt werden muss, schriftlich auf einem Alarmierungsauf-trag festgehalten. Als Beispiel sei wiederum auf das Notfallblatt von Jugend und Sport verwiesen.

Insbesondere für lange Alarmierungswege sind klare Abmachungen wichtig! Die Alar-mierung wird von zwei, besser von drei Per-sonen übernommen. Ist nur eine Person am Unfallplatz, dann leistet diese zuerst erste Hilfe. Erst dann löst sie Alarm aus. Die ver-letzte Person warm, sicher und mit einer kurzen schriftlichen Nachricht über den Unfallhergang und getroffene Maßnahmen, zurücklassen. Die Unfallstelle gut sichtbar markieren, damit sie auch nachts wieder gefunden wird.

Die alarmierende Person muss bis zum Ab-schluss der Rettung telefonisch erreichbar bleiben und darf nicht zum Unfallgeschehen zurückkehren.

Alarmierungsstellen

	Sanitätsnotruf	Polizei
Schweiz	144	117
Deutschland	112	110
Österreich	112	133

Protokollierung mit dem Notfallblatt von Jugend und Sport
Patientenprotokoll

Neben dem Alarmierungsauftrag ist ein abtrennbares Patientenprotokoll vorgesehen. Das ausgefüllte Protokoll bleibt immer bei der verletzten Person und wird gut sichtbar an ihr befestigt. Das Patientenprotokoll braucht nur bei lebensgefährlich Verletzten oder Schwerkranken ausgefüllt zu werden. Vielleicht ist es nicht immer möglich, alle Angaben zu machen, weil beispielsweise die Zeit dafür fehlt. In diesem Fall wird ausgefüllt, was möglich ist. Für die Ärztin oder den Arzt sind auch unvollständige Angaben wertvoll.

- Beobachtungen und getroffene Maßnah-men werden in der Zeile «Bemerkungen» mit fortlaufenden Zahlen nummeriert.
- Die Nummern werden auf die Rückseite übertragen, dazu die Maßnahmen und Beobachtungen beschrieben. Das «U» steht für «Unfall».

Unfallprotokoll und Unfallskizze

Unfallprotokoll und Unfallskizze helfen, die Übersicht über die getroffenen Maßnahmen zu behalten. Bei einem Lawinenunfall ist das sehr wichtig. Bei einem Badeunfall hingegen braucht man diese Formulare in der Regel nicht.

Alarmierungsauftrag

● Präzise Meldung = wirkungsvolle Hilfe
● Angaben, die nur mit erheblichem Zeitverlust gemacht werden können, weglassen

Zu alarmierende Stelle(n)

☐ REGA   1414
☐ Polizei   117
☐ Krankenwagen
☐ Rettungskolonne
☐

Meldung

Wer ● Name des Anrufers und Name der Organisation
● Telefonnummer des Anrufers (muss während der gesamten Dauer der Rettung besetzt bleiben)
● Standort des Anrufers

Was ist geschehen? _____

Wo Unfallort _____
Koord.: _____ / _____
Höhe über Meer: _____ m ü. M.
Landeskarte Blatt Nr.: _____

Wann Unfallzeit _____
Wie-viele Zahl Verletzungsart _____

Weitere Angaben

● Falls gleichzeitig mehrere Stellen alarmiert werden: Angabe, wer alles alarmiert wurde oder noch wird (gemäss Auflistung links)
● Anzahl Helfende am Unfallplatz _____
● Wetter im Unfallgebiet:
  Sicht-weite ☐ unter 200 m ☐ 1 km bis 2 km
  ☐ 200 m bis 1 km ☐ über 2 km
  Wolkenhöhe: _____ m ü. M.
  Besondere Hinweise: _____
● Bei einer **Helikopterrettung**:
  ☐ Landung am Unfallort möglich. Vorhandene Hindernisse (Kabel, Leitungen, usw.)
  ☐ Landung _____ m vom Unfallort entfernt in Richtung N / E / S / W möglich
  ☐ Landung unmöglich, Rettungswinde nötig

● Bei Anforderung einer **Rettungskolonne**:
  Zugang möglich ☐ zu Fuss ☐ mit Ski
  Route und Verhältnisse: _____
  Treffpunkt, bei dem die Retter von einem Helfenden abgeholt werden:
  Koord.: _____ / _____
● Bei Anforderung eines **Krankenwagens**:
  Zufahrt möglich ☐ mit Personenwagen ☐ nur mit Geländefahrzeug
  Route und Verhältnisse: _____
  Treffpunkt, bei dem die Ambulanz von einem Helfenden abgeholt wird:

Bemerkungen:

Aufbau der Spiele

Im Folgenden werden verschiedenste Spielideen für Abenteuer- und Erlebnisaktivitäten vorgestellt. Sie sollen die Lesenden dazu animieren, Spielformen auszuprobieren und immer wieder neue Ideen zu entwickeln. Die Kapitel sind im Aufbau so geordnet, dass die Spiele einzelner Stufen in einer methodischen Reihenfolge stehen. So können die Teilnehmenden schrittweise an ihre Abenteuergrenze geführt werden.

1. Aufwärmspiele
2. Wahrnehmungsspiele
3. Kooperationsspiele (Vertrauen und Zusammenarbeit)

4. Erlebnisspiele
5. Abenteuerspiele
6. Abenteuerprojekte
7. Reflexion

Dieser Aufbau muss nicht immer eingehalten werden, je nach Teilnehmergruppe können einzelne Stufen ausgelassen werden, mit anderen muss in einer Stufe sehr lange gespielt werden, bevor die Spielleitung zur nächsten Stufe gehen kann.

Innerhalb eines Kapitels sind die Spielformen nicht nach einer thematischen Reihenfolge geordnet.

Spielerklärungen

Die Spielbeschreibungen in diesem Buch sind immer nach demselben Muster aufgebaut. Unter dem Spieltitel geben folgende Symbole eine Überblick über den Charakter und die Einsatzmöglichkeit des Spiels:

Durchführungsort   **Mitspielende**

Turnhalle   Sportplatz   Wiese   Wald   Anzahl Kinder
oder Jugendliche

Mindestdauer   **Material**   **Sicherheitshinweise**

Minuten   Was wird benötigt?   Auf Spiele, die risikoreich sind, wird mit dem Symbol «Achtung» aufmerksam gemacht und zusätzlich werden Hinweise, die zu beachten sind, gegeben.

Falls nötig werden die Rahmenbedingungen im Anschluss durch präzise Angaben ergänzt. Dann folgt eine ausführliche Spielerklärung. Am Schluss sind eventuell Varianten zum Spiel vermerkt.

5 Spiele praktisch

Einteilungsspiele für Gruppen

Wer spielt mit wem? Diese Frage stellt sich vor jedem Spiel, wenn Paare, Kleingruppen oder Mannschaften gebildet werden. Problematisch wird es, wenn zwei Spielende abwechslungsweise je ihre Mannschaft wählen, die «Besten» immer zuerst und dieselben immer zum Schluss übrig bleiben. Die hier beschriebenen Spiele können sofort umgesetzt werden, ohne langwierige Prozedur der Einteilung. Die Mitspielenden konzentrieren sich daher mehr auf das Spiel und erfahren, dass es nicht so wichtig ist, mit wem sie spielen.

Spiele zur Paarbildung

Auf und nieder

6   3 Min.

Die Gruppe stellt sich kreisförmig mit der rechten Schulterseite nach innen zeigend (möglichst eng) auf und alle strecken den rechten Arm zur Kreismitte aus.
Die Augen werden geschlossen. Anschließend knien alle drei Mal auf und nieder und versuchen dann, noch mit geschlossenen Augen, eine freie Hand zu fassen. Die, welche einander gefunden haben, bilden ein Paar.

Aufreihen

6   5 Min.

Jede Sortierung nach bestimmten Kriterien kann der Bildung von Paaren dienen. Nachdem sich die Gruppe nach einem Kriterium in eine Reihe gestellt hat (z.B. nach Alter, Geburtsmonat, alphabetisch usw.) gehen jeweils die beiden Personen an den Enden der Reihe weg und bilden ein Paar, oder die einander benachbarten werden zu einem Paar.

Ungerade Teamzahl

6   5 Min.

Jedes Kind bekommt von der Spielleitung eine andere Zahl zugeteilt. Die Teilnehmenden gehen im Raum umher. Auf ein Zeichen der Spielleitung müssen sich immer zwei «Zahlen» finden, deren Summe eine ungerade Zahl ergibt, z.B. 5 + 8!
Variation: Jedes Kind erhält von der Spielleitung einen Buchstaben. Nun müssen die Kinder mit jeweils zwei im Alphabet benachbarten Buchstaben zueinander finden, z.B. B und C.

Welche Gegenstände gehören zusammen?

6   5 Min.

Material
Kärtchen, je zwei mit analogen Sujets

Jedem Kind wird ein Kärtchen verteilt, wobei auf der einen Seite immer je zwei Kärtchen zueinander passende oder gleiche Sujets haben. Bei laufender Musik werden die Kärtchen mit dem Sujet verdeckt untereinander getauscht. Bei Musikstopp sollen sich die Kinder finden, deren Kärtchen-Sujet zueinander passt.
Beispiele: Streichholz – Streichholzschachtel, Kerze – Kerzenhalter, Tasse – Untertasse, Papier – Stift, Messer – Gabel usw.
Variation: Auf den Kärtchen sind immer Gegensätze gezeichnet, die sich finden müssen (z. B. Himmel – Hölle, Mann – Frau, Sonne – Mond, Engel – Teufel).

Spiele zur Kleingruppenbildung (3er/4er/5er-Gruppen)

Tierherde finden

6   5 Min.

Material
Kärtchen mit Tiernamen/Tierbildern

Entsprechend der gewünschten Gruppengröße wird eine Anzahl Kärtchen mit Tierbildern/-zeichnungen/-namen verteilt. Die entsprechenden Tiere finden ihre Herde, indem sie die Laute des entsprechenden Tieres nachahmen und akustisch ihre Tiergruppe finden.
Variation: Die Tiere können auch pantomimisch dargestellt werden.

Puzzle

6   5 Min.

Material
Bilder als Puzzle zerschneiden

Für jede Gruppe wird ein Bild in einzelne Puzzleteile (Anzahl von der gewünschten Kleingruppengröße abhängig) zerschnitten. Die Puzzleteile aller Bilder werden gemischt und jedes Kind zieht ein Puzzleteil. Die richtig zusammengesetzten Puzzleteile definieren die Gruppe.

Spielkartenstafette

  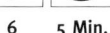

6 5 Min.

Material
Spielkarten

Alle Kinder liegen auf dem Bauch, auf einen Pfiff hin müssen sie zu einer Linie auf die gegenüberliegende Seite rennen. Dort liegen verteilt die verdeckten Spielkarten. Jedes Kinder nimmt sich eine Karte und rennt zurück zu seinem Startplatz. Anschließend werden die Gruppen nach folgenden möglichen Kriterien gebildet:

- gleiche Zahlen bzw. Bilder
- aufeinander folgende Karten
- gleiche Farbe (Pik/Kreuz/Karo/Ecken)

Variation: Das gleiche Spiel kann auch mit Spielbändern gemacht werden.

Geräusche finden sich

6 5 Min.

Material
Döschen, je 2 gefüllt mit gleichem Material

Entsprechend den gewünschten Gruppengrößen und der Anzahl der zu bildenden Kleingruppen werden Filmdöschen oder ähnliche Behälter je mit gleichen Materialien gefüllt. Jedes Kind bekommt ein Döschen. Aufgrund gleichklingender Geräusche beim Schütteln der Döschen (Döschen mit einer Glaskugel, Sand, Kieselsteinchen, Getreidekörner usw.) finden sich die Mitspielenden in Kleingruppen zusammen.

Variation Fahrzeuggeräusche: Die Spielleitung verteilt Karten mit Bildern oder Namen von verschiedenen Fahrzeugen (z. B. Traktor, Motorrad, Roller, Fahrrad, Feuerwehrauto usw.). Die Kinder machen anschließend die entsprechenden Geräusche und bewegen sich ähnlich dem Fahrzeug durch den Raum und suchen so ihre Gruppenmitglieder.

Spiele zur Mannschaftsbildung

Persönliche Gegenstände

6 5 Min.

Jedes Kind legt einen persönlichen Gegenstand vor sich auf den Boden (Kreismitte) oder auf den Tisch und wendet sich anschließend ab. Die Spielleitung sortiert die Gegenstände zu so vielen gleich großen Häufchen, wie Gruppen gefragt sind. Die Mitspielenden drehen sich um und schauen, wo sich ihr Gegenstand befindet, und bilden dementsprechend jeweils eine Mannschaft.

Rot und Schwarz

6 5 Min.

Material
Spielkarten

Entsprechend der Anzahl der Kinder werden je zur Hälfte rote und schwarze Spielkarten bereitgelegt. Jedes Kind zieht eine Karte und bewegt sich im Spielfeld umher. Immer wenn sich zwei begegnen, tauschen sie ihre Karten miteinander aus, ohne auf die Farbe zu schauen (Karten mit Bild nach unten drehen). Auf ein Stoppsignal hin müssen alle Kinder mit den roten Karten zusammenfinden, ebenso diejenigen mit den schwarzen. Bei drei Gruppen analog drei Farben verwenden.

Variation: In einem Sack sind zur Hälfte rote und zur anderen Hälfte schwarze Murmeln. Jedes Kind zieht eine Murmel aus dem Sack. Alle Kinder mit der gleichen Farbe bilden eine Mannschaft.

Würfeln

6   5 Min.

Material
Würfel

Wahllos werden Paare gebildet. Die zwei dürfen ein Mal würfeln. Das Kind mit der höheren Punktzahl gesellt sich zur ersten (rechten) Mannschaft, das andere zur zweiten (linken) Mannschaft. Bei gleicher Punktzahl entscheidet ein nächster Wurf.

Variation: Immer ein Paar erhält eine Münze. Das eine Kind entscheidet sich für Kopf oder Zahl. Das andere wirft die Münze hoch. Zeigt die Münze am Boden die gewählte Seite, geht das Kind, das gewählt hat, zur ersten Mannschaft, sonst zur zweiten. Das werfende Kind geht in die andere Gruppe.

Variation: Zwei Kinder erhalten je eine Münze, die sie gleichzeitig gegen eine Wand werfen. Dasjenige Kind, dessen Münze näher an die Wand zu liegen kommt, geht nach links in die Gruppe, das andere nach rechts.

Blauer Himmel

6   3 Min.

Auf das Kommando «Blauer Himmel» hin halten alle Teilnehmenden gleichzeitig eine Anzahl Finger (von eins bis zehn) in die Luft. Alle Teilnehmenden, die mit den Fingern eine gerade Zahl angezeigt haben, gehen zusammen, ebenso alle ungeraden.

Variante: Alle Zahlen von eins bis fünf bilden eine Mannschaft, alle Zahlen von sechs bis zehn die zweite.

Variante: Alle Zahlen von eins bis drei bilden eine Mannschaft, jene von vier bis sechs und jene von sieben bis neun. Die Spielenden mit einer zehn werden von der Spielleitung so verteilt, dass alle Gruppen gleich groß sind.

Aufwärmspiele

Bei Spielen zum Aufwärmen geht es nicht um sportliche Spitzenleistungen, sondern um individuelle Bewegung und gemeinsamen Spaß. Diese Spiele wollen eine emotionale Wirkung erzielen: Die Teilnehmenden werden miteinander «warm» und kommen auch geistig in Bewegung (z. B. Taktik). Alle Spielformen haben einen unkomplizierten und ausgelassenen Charakter, was für eine positive Lernsituation sehr wichtig ist.

Die folgenden Spielformen lassen sich zudem auch in einem anderen Kontext einsetzen, um das Gruppengeschehen und individuelle Befindlichkeiten zu thematisieren.

Dabei sind folgende Leitfragen hilfreich:
- Wie gehen wir innerhalb der Gruppe miteinander um?
- Gibt es eine Kooperation?
- Geht es der Gruppe mehr um «Gewinnen um jeden Preis» oder steht der «gemeinsame Spaß» im Vordergrund?

Aus: kuki, rex verlag luzern

Balljagd

8   5 Min.

Material
1 Softball, evtl. Spielfeldmarkierung

Die Mitspielenden werden gleichmäßig in zwei Gruppen aufgeteilt. Die eine Gruppe beginnt. Die Mitglieder dieser Gruppe spielen einander einen großen Softball 15-mal in einem Spielfeld so zu, dass ihn kein Mitglied der anderen Mannschaft berühren kann. Geschieht dies doch, so hat die Gegenpartei nun die Möglichkeit dies zu versuchen.

Fuchs und Eichhörnchen

8   10 Min.

Material
2 größere gleiche Bälle, 1 kleinerer Ball

Die Spielenden bilden einen Kreis. Sie benötigen zwei größere Bälle als «Fuchsbälle» und einen etwas kleineren als «Eichhörnchenball». Die Fuchsbälle werden unter den Spielenden von Hand zu Hand weitergegeben. Dabei darf die Richtung geändert werden. Der Eichhörnchenball darf quer durch den Kreis geworfen werden. Um das Unterscheiden zu erleichtern, können die Spielenden «Fuchs» oder «Eichhörnchen» rufen, wenn sie den entsprechenden Ball weitergeben. Ziel ist es, das Eichhörnchen zu fangen, indem die Person, die den Eichhörnchenball gerade in den Händen hält, von der benachbarten Person im Kreis mit einem Fuchsball berührt wird.

Ferngesteuert

  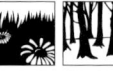 

8   10 Min.

Material
Pro Paar: 2 Softbälle, 1 Augenbinde

Sicherheitshinweise
Vorsichtiges, langsames Vorwärtslaufen im Spielfeld, vor jedem Schuss muss genügend Platz für Ausholbewegung des Armes vorhanden sein

Die Spielenden bilden Paare. Eine Person ist während des Spieles «blind» (Augenbinde) und erhält zwei Softbälle. Ziel jedes Paares ist es, irgendjemanden einer anderen Gruppe zu treffen. Die sehende Person des Paares darf die «blinde» Person nur mit Worten führen, den Zeitpunkt und die Richtung des Wurfes befehlen, sie danach zu einem herumliegenden Ball führen, damit die sie diesen wieder aufnehmen kann. Für jeden Treffer erhält das Paar einen Punkt. Welches Paar hat nach fünf Minuten die meisten Punkte? Anschließend werden die Rollen im 2er-Team gewechselt.

Ballontreiben

8   5 Min.

Material
1 Luftballon, viele Softbälle, Vogelband oder Seile für Spielfeldmarkierung

Es werden vier Mannschaften gebildet, deren Mitglieder je auf einer Seite des Spielfeldes (Quadrat von 5 × 5 Metern) stehen und mit je 2 Softbällen pro Spielenden ausgerüstet sind. Die vier Seiten bilden zum einen die Begrenzungslinien des Spielfeldes und zum anderen die Torlinien. In die Mitte des Quadrates wird ein aufgeblasener Luftballon (Wasserballon) gelegt. Um den Luftballon über eine gegnerische Torlinie zu treiben, dürfen alle Spielenden mit Softbällen gleichzeitig auf den Luftballon werfen. Dabei müssen folgende Regeln beachten werden:

- Die Innenfläche des Quadrates darf nicht betreten werden.
- Niemand darf den Luftballon mit dem Körper berühren.
- Alle Spielenden dürfen herumliegende Bälle hinter ihrer Linie jederzeit einsammeln.
- Die Mannschaft, bei welcher der Luftballon die Torlinie überschritten hat, erhält einen Strafpunkt.
- Spielende der verschiedenen Mannschaften dürfen sich nicht berühren.

Welches Team hat nach einer bestimmten Zeit die wenigsten Strafpunkte?

Monarch

8   5 Min.

Material
1 Softball

Eine Person wird zum Monarchen erklärt und erhält einen «Reichsapfel» (Softball). Mit diesem Reichsapfel kann diese Person die politische Meinung der Spielenden (Anarchisten) «beeinflussen». Wenn der Monarch Anarchisten mit dem Softball berührt oder trifft, werden aus Anarchisten Adelsleute und damit zu Vertretern der Monarchie. Das Spiel ist beendet, wenn alle Anarchisten «überzeugt» worden sind. Die Monarchisten dürfen sich nicht fortbewegen, wenn sie den Ball (Reichsapfel) in den Händen haben. Der Ball darf also nur aus dem Stand geworfen werden.

Liegestützkarre

4   5 Min.

Sicherheitshinweise
Füße müssen auf die Schulterblätter gelegt werden, nicht auf den Rücken!

Die Spielenden teilen sich in Gruppen von je vier Personen auf. Aufgabe dieser Kleingruppe ist es, gemeinsam in Liegestütz-Position eine Figur zu bilden, die wie ein Viereck aussehen soll. Dabei darf kein Fuß den Boden berühren.
Variante: Kann diese Kleingruppe eine bestimmte Strecke (z. B. fünf Meter) in dieser Form zurücklegen?

Lufttor

6   5 Min.

Material
1 Wasserball, 2 lange Schnüre oder Vogelbänder

In der Mitte zwischen zwei Spielfeldern werden zwei Schnüre in ca. 3 m und in 4 m Höhe parallel zueinander gespannt. Diese bilden ein Tor. Jede Gruppe versucht, von ihrer Spielseite her einen aufgeblasenen Wasserball zwischen den Schnüren hindurchzuspielen. Jedes Durchspiel bringt 2 Punkte für die spielende Mannschaft, ein Überspielen der höheren Schnur gibt 1 Punkt. Der Wasserball wird zu Beginn von der Spielleitung ins Feld geworfen. Er muss nach maximal 5 Ballkontakten innerhalb der Gruppe durch das Tor auf die Gegenseite gespielt werden. Niemand darf den Ball zweimal direkt nacheinander berühren. Das Fangen oder Festhalten des Balles ist ebenfalls nicht erlaubt. Der Ball muss also wie im Volleyball gespielt werden, mit Hand, Kopf oder Fuß. Welche der beiden Gruppen hat nach 5 Minuten die meisten Punkte?

Mondball

4   5 Min.

Material
1 Wasserball

Aufgabe der Gruppe ist es, einen aufgeblasenen Wasserball, ohne ihn zu halten, so oft wie möglich hoch (Richtung Mond) in die Luft zu spielen, bevor er auf dem Boden landet. Niemand darf den Ball zweimal hintereinander berühren oder halten. Jeder Ballkontakt wird als Punkt gezählt.

Standhalten

2   5 Min.

Zwei Spielende stehen mit leicht gegrätschter Beinhaltung einander gegenüber und pressen die Handflächen gegeneinander. Jede Person versucht nun die andere aus dem Gleichgewicht zu bringen. Dabei dürfen sich allerdings nur die Handflächen berühren. Die Füße bleiben unverrückbar an der gleichen Stelle stehen. Wer seinen Mitspielenden zwingt, einen Ausfallschritt zu machen, erhält einen Pluspunkt.

Verschwörung

8   5 Min.

Eine Gruppe sitzt im Kreis. Jede Person muss alle anderen gut sehen können. Alle schließen die Augen und konzentrieren sich. Auf ein Zeichen der Spielleitung hin öffnen alle die Augen. Ohne miteinander zu reden müssen es alle im Kreis schaffen, sich auf eine einzige Person zu einigen und diese anzusehen. Wie schnell schafft dies die Gruppe?

Rettungsringe

10   5 Min.

Material
2 Bälle, 2 Schirmmützen oder Halstücher

Zwei Fangende werden bestimmt und mit Schirmmützen oder Halstüchern gekennzeichnet. Die Fangenden versuchen, andere Mitspielende zu berühren und dann mit diesen die Rolle zu tauschen. Wer sich jedoch im Besitz eines Balles befindet und von einem Fangenden berührt wird, ist geschützt, muss also die Rolle nicht tauschen, wohl aber sofort den Ball weiterspielen. Durch geschicktes Zuspielen versuchen die Spielenden, einander möglichst lange vor dem Zugriff der Fangenden zu schützen.

Speedy Gonzales

12   10 Min.

Die Spielenden bilden einen Kreis. Zwischen ihnen soll der Abstand so gewählt sein, dass sie sich noch an den Händen fassen können. In der Mitte des Kreises steht die Maus, außerhalb lauert die Katze. Die Jagd beginnt: Die Katze versucht die Maus zu fangen, diese kann sich neben Schnelligkeit durch kluge Taktik retten. Denn jedes Mal, wenn die Maus zwischen zwei Spielenden durchläuft, geben diese einander anschließend die Hände und schließen damit die Passage für die Katze, aber auch für die Maus selbst. Eine geschlossene Passage kann nicht wieder geöffnet werden, das heißt, es gibt immer weniger Passagen. Das Spiel endet, wenn die Maus das letzte Schlupfloch geschlossen hat und somit gewinnt, bzw. wenn es der Katze gelingt, die Maus vorher zu fangen (zu berühren).

Supermarkt

8   5 Min.

Material
**5 Gymnastikreifen/Velopneus, 4 Sorten Spielbänder/
Bälle (je 7 Stück pro Sorte)**

In die Mitte des Spielfeldes wird ein Reifen/Velopneu gelegt, der ein Warenlager des Supermarktes darstellt. Im Reifen liegen sämtliche Spielbänder oder Bälle (je 7 Stück der gleichen Farbe. Sie stellen z.B. Apfelsorten dar). Die Spielenden werden in 4 Gruppen aufgeteilt und gehen je zu einer Ecke des Spielfeldes (Abstand zur Mitte 10 bis 15 Meter), wo ihr Standort ebenfalls durch einen leeren Gymnastikreifen oder Velopneu gekennzeichnet ist.

Jeder Gruppe wird nun eine bestimmte Sorte zugeteilt, die sie vollständig in die eigene Ecke bringen muss, z.B.: Äpfel (grüne Bänder), Bananen (gelbe), Kirschen (rote) und Pflaumen (blaue). Beim Einkauf gelten folgende Regeln:

- Es darf immer nur eine Person pro Gruppe auf Einkaufstour sein.
- Die Person auf Einkaufstour darf immer nur eine Frucht transportieren.
- Es dürfen sowohl eigene als auch fremde Obstsorten zum eigenen Ring transportiert werden.
- Obst kann im Supermarkt oder beim Standort einer Gruppe erworben werden (aus dem Ring genommen werden).
- Obst, welches genommen wurde, muss sofort zum eigenen Standort gebracht werden.
- Die Einkaufenden dürfen nie behindert werden!

Welche Gruppe schafft es zuerst, ihre Obstsorte bei ihrem Standort aufzufüllen?

Virenfreies Labor

8   5 Min.

Material
**Zeitungen (für Zeitungsbälle) oder Softbälle,
2 Seile (bei Außenplätzen)**

Das Spielfeld wird in vier gleich große Segmente unterteilt. Die Spielenden werden gleichmäßig auf die vier Segmente verteilt. Sie spielen nun Putz-Crew in einem Forschungslabor. In der Mitte jedes Feldsegments (Labor) wird eine gleich große Menge Zeitungsbälle (Zeitungsblatt zu einem Ball zusammenpressen) als Viren verstreut. Nun versucht jedes Team mit allen Mitteln (Hände und Füße), ihre Viren aus dem eigenen Labor zu entfernen und in eines der anderen drei zu wischen. Nach Abpfiff der Spielleitung werden die Viren, die noch in jedem Labor liegen, gezählt.

Wahrnehmungsspiele

Diese Spiele bilden einen ruhigen Gegenpol zu den Aufwärmspielen. Auch hier geht es darum, untereinander in Kontakt zu kommen, jedoch auf eine ruhige Art. Die Wahrnehmung mit allen Sinnen soll bei den Teilnehmenden gefördert werden. Das ist die entscheidende Voraussetzung, um mit sich selbst, mit Mitmenschen oder der Natur in Berührung zu kommen.

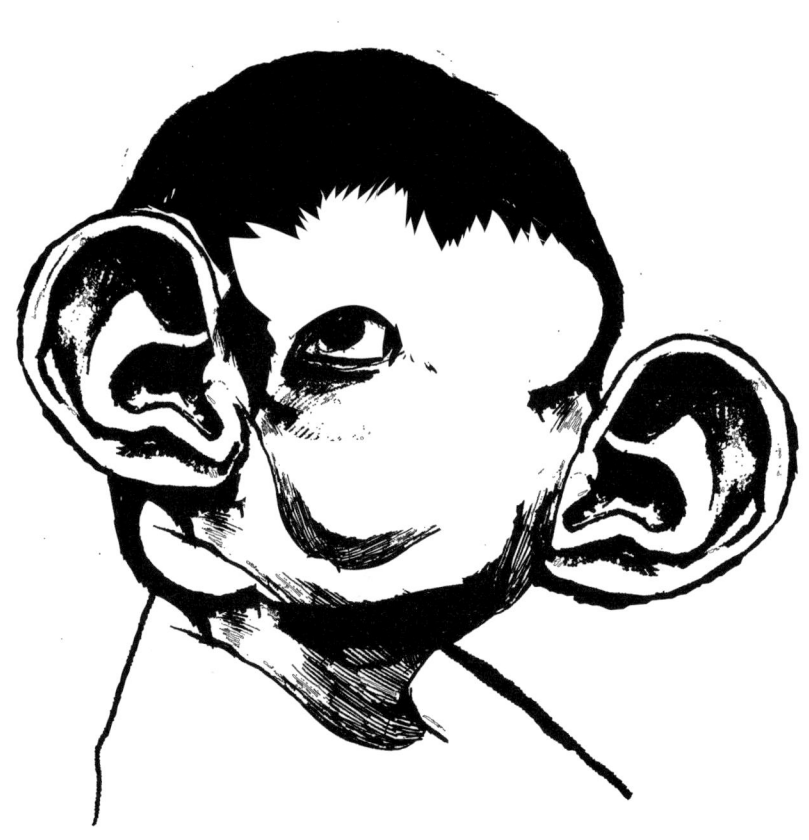

Anschleichende Diebe

11   10 Min.

Material
**30–40 Wäscheklammern, 1 Poolnudel, 1 Augen-
binde, 1 Seil, 1 Plastikschüssel**

Zuerst wird ein Schatzwächter ernannt. Er
steht in der Mitte des Kreises und erhält 30
Goldstücke (Wäscheklammern), welche er
sich an seinen Kleidungsstücken befestigt.
Im Weiteren erhält der Schatzwächter ein
Schwert (Poolnudel oder Styropor-Schläger)
und muss sich die Augen verbinden. Außerhalb des Kreises (ca. 6–10 Meter Durchmesser) machen sich die schleichenden Diebe
bereit. Auf das Startzeichen hin (durch Auf-
setzen der Augenbinde) versuchen sich die
Diebe lautlos zum Schatzwächter zu schle-
ichen, ein Goldstück (Wäscheklammer) zu
stehlen und damit wieder aus dem Kreis zu
gelangen. Schafft es ein Dieb, drei Goldstücke zu erbeuten, so kann er einen neuen
Schatzwächter bestimmen.
Dabei gelten die folgenden Regeln:
* Glaubt der Schatzwächter einen Dieb zu
  hören, versucht er, den Dieb mit dem
  Schwert zu berühren.
* Wird ein Dieb vom Schwert berührt, so
  muss er während 30 Sekunden außerhalb
  des Kreises aussetzen. Sollte der er-
  wischte Dieb schon geraubte Goldstücke
  besitzen, muss er diese in die Plastikschüssel legen.
* Der Schatzwächter hat im Maximum 30
  Fehlschläge zugute. Wenn diese aufge-
  braucht sind, so hat die Person gewonnen, welche am meisten Goldstücke vom
  Schatzwächter besitzt. Sie darf den nächsten Wärter bestimmen.

Findet ein Wechsel des Schatzwächters
statt, so müssen alle Goldstücke wieder
dem neuen Schatzwächter abgegeben werden.

Entspannungsschaukel

11   10 Min.

Sicherheitshinweise
**Griff um das Handgelenk schließt das Abrutschen
der Hände aus.**

Zwei Reihen von je mindestens fünf Spielenden stehen sich gegenüber, Schulter an
Schulter. Die einander je gegenüberstehen-
den Personen fassen einander gegenseitig
mit sicherem Griff um die Handgelenke.
Dann knien sich alle hin. Eine weitere Person legt sich rücklings auf die Arme der Mitspielenden und schließt ihre Augen. Die Mitspielenden stehen nun miteinander auf und
schaukeln die liegende Person auf ihren
Armen sanft hin und her.

Förderband

15   15 Min.

Sicherheitshinweise
**Der Ellbogen sollte durchgestreckt sein!
Zwei Personen sollten beim ersten Mal sichern!**

Alle Spielenden legen sich in einer Reihe
Kopf an Kopf nebeneinander auf den Boden.
Dabei zeigen die Beine der einen Person
genau in die entgegengesetzte Richtung wie
die der Personen links und rechts von ihr.
Alle strecken die Arme senkrecht in die
Höhe. Vorsichtig legt sich die zu beför-
dernde Person auf die Hände der Personen
am Anfang des Förderbandes und wird dann
von der Gruppe auf den ausgestreckten
Armen bis zum Ende weitertransportiert.

Gruppenmassage

8   10 Min.

Alle Teilnehmenden stehen oder sitzen hintereinander im Kreis und massieren mit leichten und sanften Bewegungen Schultern, Nacken und Rücken der vorderen Person. Weniger geübte fragen von Zeit zu Zeit, ob es der massierten Person wohl ist (Stärke des Druckes, Reibung …). Auf der nackten Haut nur reiben, wenn diese mit Massageöl eingerieben ist, sonst nur auf Kleidern.

Menschliche Kamera

6   15 Min.

Die Teilnehmenden teilen sich in Paare auf. Jedes Paar bestimmt, wer zuerst Fotograf und wer Kamera sein möchte. Die Kamera schließt die Augen. Der Fotograf führt seine Kamera behutsam durch die Gegend. Wenn er ein geeignetes Motiv sieht, richtet er seine Kamera darauf (den Kopf entsprechend hinwenden) und betätigt dann den Auslöser (Druck mit dem Zeigefinger auf die Stirn) und die Kamera macht für 5 Sek. ihre Augen auf. Nach 5 Aufnahmen führt der Fotograf die Kamera zurück zum Ausgangspunkt. Die Kamera versucht nun in der richtigen Reihenfolge die Orte zu zeigen, wo die Aufnahmen gemacht wurden. Anschließend werden die Rollen gewechselt.

Variationen: Geführt wird sanft nur mit der flachen Hand, die auf der Schulter liegt, oder nur mit mündlich leisen Befehlen.

Höhle

8   20 Min.

Material
Mehrere Seile, 1 Augenbinde pro Teilnehmende(n)

Sicherheitshinweise
Hindernisse dürfen nicht höher als Hüft- oder Brusthöhe sein, da sonst Absturzgefahr herrscht.

Im Wald (oder in der Turnhalle) werden verschiedene Hindernisse aufgebaut, die jeweils überwunden werden müssen. Der Weg wird mit einem langen Seil (mehrere aneinander knoten) durchgängig gekennzeichnet. Am Ziel gibt es vielleicht eine kleine Überraschung oder Erfrischung.

Wer den Parcours durchläuft, muss die Hand immer am Seil führen. Es können mehrere Kreuzungen (Seile zusammengeknotet) eingebaut werden, wo die Teilnehmenden frei entscheiden dürfen, welchen Weg sie nehmen wollen. Leider führt ein Seil aber nicht zum Ziel und die fehlgeleitete Person muss zurück. Da in der Höhle völlige Dunkelheit herrscht, müssen die Teilnehmenden eine Augenbinde anziehen. So versuchen sie, gestaffelt in sinnvollen Abständen, das Ziel zu erreichen.

Turnhalle: Mit verschiedenen Groß- und Kleingeräten wird eine wilde Landschaft hergestellt (z. B. Kasten überqueren, über Langbank balancieren, aufgestelltes Kastenteil durchkriechen, entlang einer Sprossenwand klettern usw.).

Stabmeditation

4   10 Min.

Material
1 Gymnastikstab pro Gruppe

Die Teilnehmenden bilden zwei Reihen. Sie stehen einander so nah gegenüber, dass sie sich bei gestreckten Armen mit den Fingerspitzen berühren. Die Spielenden schließen nun ihre Augen. Die Spielleitung hält waagerecht etwa in Brusthöhe einen Stab zwischen die beiden Reihen. Jede/r streckt jeweils nur einen Finger jeder Hand aus und versucht mit diesen Fingern so gegen den Stab zu drücken, dass er nicht zu Boden fällt und möglichst waagerecht gehalten wird. Jüngere sollen ihren Finger unter den Stab legen, dürfen diesen aber nicht umfassen.

Der Stab soll nun vorsichtig gemeinsam auf den Boden gelegt werden, wobei alle Finger immer Kontakt zum Stab behalten müssen. Wenn der Stab am Boden angekommen ist, können alle Finger gleichzeitig loslassen, und die Spielenden dürfen die Augen wieder öffnen.

Variante: Die gleiche Übung mit offenen Augen, jedoch darf während der ganzen Zeit nicht gesprochen werden.

Vermintes Land

8   10 Min.

Material
Viele Tennisbälle oder Teppichresten-Stücke

Tennisbälle (oder kleine Teppichreste) gleichmäßig und genügend dicht auf einer Spielfläche verteilen. Ein erster Spieltest zeigt bald, ob die Bälle genügend dicht verteilt wurden. Es werden Paare gebildet und dem einen Partner/der einen Partnerin werden die Augen verbunden. Diese nicht sehende Person hat die Aufgabe, nachts (daher mit verbundenen Augen) ein vermintes Stück Land zu überqueren. Ihr Partner oder ihre Partnerin hilft ihr dabei, indem er oder sie von der Seitenlinie des Spielfeldes her Richtungsanweisungen gibt. Ein Spielleiter stoppt die Zeit, welche für die Überquerung benötigt wird. Für jede Berührung mit einer Mine (Tennisball oder Teppichrest) werden am Ende noch 10 Sekunden addiert. Es können auch einige Paare gleichzeitig im Feld sein.

Zyklopen-Fangen

10   5 Min.

Sicherheitshinweise
Teilnehmende dürfen nicht rennen!

Es werden Paare gebildet, die sich aber zu Spielbeginn trennen und sich im Spielfeld mindestens in der Distanz einer halben Feldbreite voneinander entfernt hinstellen. Aufgabe ist nun, den Partner oder die Partnerin mit dem Blick durch das «Fernrohr» im Spielfeld zu erspähen und dann, nur durch das Fernrohr blickend, wieder zusammenzufinden. Als Fernrohr wird die fast ganz geschlossene Faust der einen Hand vor ein Auge gehalten. Das zweite Auge bleibt während des ganzen Spiels geschlossen. Die Spielenden dürfen während des Spiels nur durch das kleine Loch in der einen Faust spähen. Die andere Hand wird als Vorsichtsmaßnahme zum eigenen Schutz (als Stoßdämpfer) vor den Körper gehalten. Wenn zwei Spielende einander berühren, müssen sie sich drei Mal um die eigene Achse drehen und erst dann die Verfolgung wieder aufnehmen. Ziel ist es, sich wieder mit dem Partner oder der Partnerin zu vereinen.

Variante: Als Fernrohr dient die Kartonrolle von WC-Papier.

Kooperationsspiele

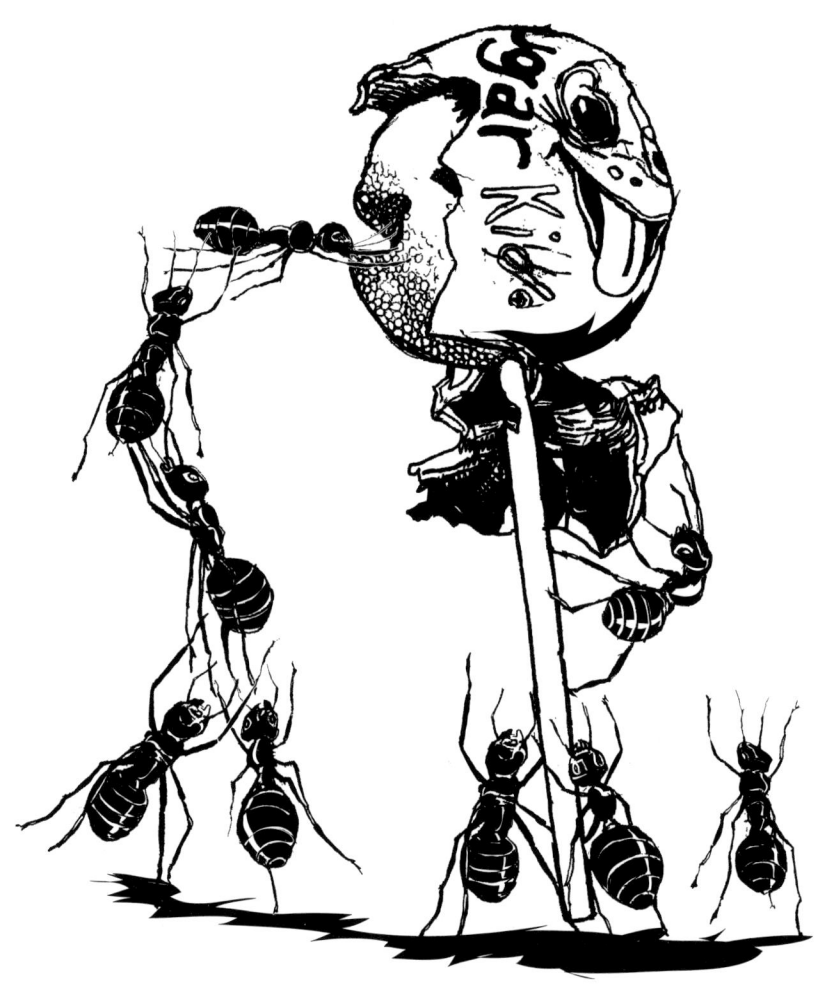

Vertrauensspiele

Vertrauen ist die Grundlage für die Kooperationsbereitschaft und für echte Kontakte und Begegnungen in der Gruppe. Allerdings kann Vertrauen in Gruppen nicht vorausgesetzt werden, sondern muss wachsen. Nur so wird die Gruppe immer besser handlungsfähig. Die Vertrauensspiele helfen den Teilnehmenden Risikobereitschaft für ungewohnte Verhaltensweisen zu entwickeln.

Jurtenkreis

10   10 Min.

Dieses Spiel erfordert eine gerade Anzahl Teilnehmende. Zuerst wird im Kreis abgezählt «1», «2», «1», «2» usw. Die Spielenden geben einander nun fest die Hände (evtl. um das Handgelenk fassen). Die Füße stehen leicht gegrätscht fest auf dem Boden. Auf ein Zeichen der Spielleitung hin lassen sich alle «Einser» mit geradem Körper und ohne mit den Beinen einzuknicken nach vorne fallen und alle «Zweier» nach hinten. Dadurch entsteht eine Art Zickzacklinie. Beim nächsten Kommando gilt die umgekehrte Form.

Blinde Raupe

8   10 Min.

Material
Pro Person 1 Augenbinde

Alle Spielenden stellen sich hintereinander auf und legen die Hände auf die Schultern der vorderen Person. Dieser Körperkontakt darf während des ganzen Spiels nicht unterbrochen werden. Alle außer der hintersten Person erhalten eine Augenbinde. Die hinterste Person steuert die Raupe (Reihe) mit Wortbefehlen oder, etwas feiner und schwieriger, mit verschiedenen zuvor abgemachten Zeichen, die von hinten nach vorne weitergegeben werden (z.B. Schlag auf rechte Schulter = Drehung nach rechts, analog nach links). Für einen Notstopp sollte ein spezielles Zeichen (z.B. Pfiff) abgemacht werden!

Sandwich

6   10 Min.

Material
2 dicke Weichbodenmatten

Sicherheitshinweise
**Es sollten nie mehr als
drei Personen über das Sandwich laufen**

Das Brot des Sandwiches (Ober- und Unterteil) bilden je eine Weichbodenmatte, den Fleisch-Inhalt mehrere Teilnehmende, die auf dem Bauch zwischen den Matten liegen und Kopf und Arme herausschauen lassen. Die übrigen Teilnehmenden laufen über das Sandwich hinweg, zunächst allein, dann zu zweit oder sogar zu dritt. Stampfen und in die Höhe springen ist dabei verboten.
Variation: Als Steigerung wird ein Big Mac gemacht (3 Weichbodenmatten übereinander).

Schatzsuche

10   30 Min.

Material
Viele Luftballons, 1 Augenbinde pro 2 Teilnehmende, Vogelband oder Seil für Spielfeldmarkierung

Die Teilnehmenden werden in zwei Gruppen eingeteilt. Die eine Gruppe versucht mit Augenbinden in einem begrenzten Spielfeld herumzugehen und dabei möglichst viele kostbare Schätze (Luftballons) zu bergen. Dafür haben sie 10 Minuten Zeit. Im Spielfeld darf nicht gesprochen werden und alle sind natürlich «blind» (mit Augenbinde). Erschwerend sind einige Hindernisse (natürliche Landschaftselemente wie Baumstämme mit Ästen oder künstliche wie ein Seil, das zwischen zwei Bäume gespannt ist, oder ein Spinnennetz, konstruiert aus Seilen und aufgehängt). Wenn ein Blinder oder eine Blinde diese berührt, so geht ein Schatz, den diese Person in den Händen hat, verloren (Luftballon wird von der Spielleitung weggenommen). Die andere Gruppe spielt Schiedsrichter und überwacht die Spielregeln von außerhalb des Spielfeldes aus. Welcher Gruppe gelingt es mehr Schatzgegenstände (Luftballone) in der vorgegebenen Zeit zu erbeuten?

Turnhalle: Für Landschaftselemente werden Kasten, Langbänke, Hütchen, Bälle usw. verwendet.

Variante: Jede Gruppe hat einen oder zwei Dirigenten, die von außerhalb des Spielfeldes aus mit entsprechenden Kommandos die Gruppe führen können.

Seilpendel

8   15 Min.

Material
Seil mit Polsterung (Decke, mehrere Kraftschläuche)

Sicherheitshinweise
Sehr langsames Hinunterlassen und Hochziehen der Person am Pendel. Guter Stand mit Absicherung (Matte oder Helferperson)

Ein Seil wird zu einem Kreis zusammengeknotet. An einer Stelle wird das Seil gepolstert (mit Decke oder mit mehreren Kraftschläuchen umwickeln). Dort stellt sich eine Person in den Seilkreis mit Blick hinaus und lehnt sich mit der Brust an die gepolsterte Stelle des Seils, wobei sie das Seil unter den Armen durchführt. Die anderen Teilnehmenden halten mit beiden Händen den Seilkreis auf Brusthöhe zurück, sodass die Person an der Polsterung nicht umfallen kann. Nun wird die Person an der Polsterung, welche in leicht nach vorne gebeugter Haltung steif dasteht und die Füße immer an der gleichen Stelle lässt (eventuell abgesichert durch eine Helferperson), am Seil langsam vornüber gegen den Boden hinuntergelassen, bis sie mit der Nasenspitze den Boden berührt. Danach wird sie wieder hochgezogen. Die Person, die sich mit den Armen am Seil eingehängt hat, kann jederzeit selbst entscheiden, wann sie wieder hochgezogen werden will, und das entsprechend mitteilen.

Variante: Der Person, die am Seil hängt, werden die Augen verbunden (Augenbinde). Wichtig ist dann, dass eine Person unmittelbar dabeisteht und jederzeit sichern kann.

Schwebeflug

9   15 Min.

Eine Person legt sich mit dem Rücken auf den Boden, schließt die Augen und macht sich steif wie ein Brett. Die anderen Teilnehmenden verteilen sich auf beide Seiten der liegenden Person und fassen mit flachen Händen unter den Rücken. Auf ein Kommando hin hebt die Gruppe die liegende Person gemeinsam in eine verabredete Höhe (beim ersten Mal ist Hüfthöhe empfehlenswert) auf. Die schwebende Person muss darauf achten, dass sie in den Hüften nicht einknickt. Dann kann die Gruppe die schwebende Person sanft hin und her bewegen. Anschließend wird die Person wieder sachte auf den Boden gelegt und die nächste Person ist an der Reihe.

Roboter

12   15 Min.

Material
1 Augenbinde

Die Teilnehmenden stellen sich im Kreis in jeweils zwei Meter Abstand zur nächsten Person auf und schauen in die Mitte. Der «Roboter», eine ausgewählte Person mit Augenbinde, läuft blind im Kreis umher, wird am Kreisrand jeweils von den Mitspielenden sachte in Empfang genommen und in eine andere Laufrichtung gedreht. Das Lauftempo kann der Roboter selbst bestimmen.
Variante: Es können auch zwei Roboter gleichzeitig umhergehen, was eine sehr gute und genaue Abstimmung der Laufwege erfordert. Die beiden Roboter müssen sich dann möglichst gerade in der gegebenen Richtung bewegen.

Tandembrücke

4   15 Min.

Material
2 statische Seile

Sicherheitshinweise
Knoten siehe im Anhang!
Seile nicht zu hoch montieren (max. 1 m)

Zwischen drei Bäumen, die in spitzer V-Form zueinander stehen, wird ein Seil auf 50–100 cm Höhe gespannt. Beim Baum, der die Spitze des V darstellt, stellt sich jedes Paar so einander gegenüber hin, dass die Beine der Partnerin/des Partners jeweils außerhalb des gespannten Seils bleiben, während sie mit den Handflächen gegeneinander drücken. Nun rücken sie in dieser Position vom Baum weg. Da die Seile, hinter denen sie stehen, immer weiter auseinander gehen, müssen die beiden Personen immer stärker gegeneinander lehnen, bis es nicht mehr geht und sie vielleicht auf dem Bauch zu liegen kommen.
Turnhalle: Mit umgedrehten und fest verankerten Langbänken kann die gleiche Übungsanlage hergestellt werden. In der Mitte sollten zum Abfedern eines Fallens auf den Bauch Matten hingelegt werden.

Seiltanz

  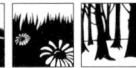 

11   10 Min.

Die Teilnehmenden stehen einander in zwei Reihen im Abstand von etwa 1,5 Metern gegenüber, Gesichter einander zugewandt. Eine Person darf nun als Seiltänzerin auf einer imaginären Linie in der Mitte zwischen den beiden Reihen hindurchbalancieren. Dabei kann sie in jedem Moment «stürzen», d.h. sich mit steifen Beinen zur Seite fallen lassen. Die Gruppenmitglieder müssen ständig in Auffangstellung sein. Jeden Sturz der Seiltänzerin fangen sie sanft auf und bringen sie in die aufrechte Position zurück.

Wanderer

11   15 Min.

Material
1 Holzstab (Gymnastikstab) pro 2 Spielende

Sicherheitshinweise
Teilnehmende auf die Rutschgefahr beim Gymnastikstab aufmerksam machen!

Die Gruppe stellt sich in einer Gasse auf. Sie hat die Aufgabe, einem «Wanderer» zu helfen, von einem Punkt A zu einem Punkt B (etwa 10 m Distanz) zu gelangen, ohne dass der Wanderer dabei den Boden berührt. Dazu stehen der Gruppe halb so viele Holzstäbe wie Spielende zur Verfügung. Sie müssen dem Wanderer die Stäbe so hinhalten, dass er darauf gehen kann, ohne dabei aber jemanden zu berühren. Wer den Wanderer trotzdem berührt, darf sich bis Spielende nicht mehr von der Stelle bewegen. Der Wanderer darf nicht auf Stäben getragen werden.

Vertrauenslauf

8   10 Min.

Material
1 Augenbinde

Sicherheitshinweise
Laufende mit hoher Geschwindigkeit sind schwierig zu stoppen! Notstopp durch Zuruf «Stopp!» abmachen.

Eine Person geht ans andere Ende des Spielfeldes und verbindet sich mit einer Augenbinde die Augen, die übrigen verteilen sich gleichmäßig an der Feldbegrenzung. Die blinde Person rennt mit verbundenen Augen zum gegenüberliegenden Ende des Spielfeldes im selbst bestimmten Lauftempo. Die Gruppe hat die Aufgabe, die laufende Person bei den seitlichen Feldbegrenzungen oder am Ziel durch eine Handberührung (leichter Schlag) zu stoppen.

Personentransport

8   15 Min.

Material
Diverses

Die Aufgabe der Gruppe besteht darin, einen Spielenden über oder durch eine Reihe von Hindernissen zu transportieren, wobei sich die zu tragende Person nicht extra schwer machen soll. Sie darf den Transport richtig genießen. Die Hindernisse sind so ausgesucht oder konstruiert, dass der Transport eine Herausforderung für die gesamte Gruppe darstellt.

Vertrauensfall

10   15 Min.

Material
Bank oder Kasten

Sicherheitshinweise
Griff ums Handgelenk schließt das Abrutschen der Hände aus. Auf striktes Einhalten des Rituals achten!

Eine Person stellt sich auf ein stabiles Podest (Schwedenkasten, Sitzbank, mehrere aufeinander gestapelte Harasse, Steinblock) von ca. 120 cm Höhe, und zwar mit dem Rücken zu den sich vor der Plattform aufstellenden Fängern (mind. 8 Personen). Diese stehen sich in zwei Reihen gegenüber (Gasse von 60–80 cm Breite bilden). Sie halten einander an den Handgelenken im System Reisverschluss. Die Personen stehen Schulter an Schulter und halten jeweils mit der rechten Hand die rechte des Partners gegenüber rechts, mit der linken Hand die linke des Partners gegenüber links, also nicht die Hände des Partners direkt gegenüber. Die auf dem Podest stehende Person kann sich nach einem festgelegten Ritual, damit alle wirklich bereit sind, rückwärts gezielt in die Arme der Fangenden fallen lassen.

Ritual: Nach einer ruhigen Konzentrationsphase sagt die stehende Person «Fertig». Die fangende Gruppe antwortet: «Bereit!» Vor dem Fall sagt der Fallende: «Ich falle», oder: «Ich steige hinunter», falls diese Person die Übung abbrechen will.

Zusammenarbeitsspiele

Diese Spiele sind eine Herausforderung für Gruppen, die gerne spielerisch lernen. Die Spielleitung kann damit maßgeblich die Spannung, Konzentration, Aufnahmebereitschaft und das Verständnis der Gruppe wecken. In diesem Kapitel werden Spiele vorgestellt, die einfache und wenig strukturierte Aufgaben stellen. Sie eignen sich für kürzere Spieleinheiten, aber auch zur Hinführung auf Spiele mit komplexeren Problemstellungen.

Nesteier

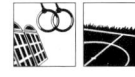 

10   15 Min.

Material
1 Springseil pro Person, mehrere Wasserbälle oder Softbälle

Die Gruppe versucht innerhalb einer bestimmten Zeit eine größere Anzahl Eier (Wasserbälle) von einem Punkt A zum anderen Punkt B zu transportieren. Als einziges Hilfsmittel steht jedem Mitglied der Gruppe ein Springseil zur Verfügung. Die Bälle dürfen während des Transports weder den Boden noch einen Körperteil eines Spielenden berühren. Die Spielenden dürfen das Seil nur mit einer Hand halten. Die Seile dürfen auf keine Art verknotet werden.

Blatt wenden

8   10 Min.

Material
1 Decke oder Plane pro Gruppe

Die ganze Gruppe stellt sich auf eine Decke, Plastikplane oder einen alten Teppich. Je enger die Leute stehen, desto schwieriger die Aufgabe. Die Gruppe soll nun die Decke wenden, ohne dass jemand dabei direkt den Boden berührt. Sollte dies doch geschehen, wird das Spiel von neuem begonnen.
Variante: Mehrere Gruppen spielen auf Zeit gegeneinander.

Gummitwist-Parcours

8   15 Min.

Material
20 Gummischnüre (und diverse Geräte)

In einem Waldstück oder in einer Turnhalle werden zwischen einzelnen Bäumen/Geräten mindestens 20 Gummischnüre gespannt, etwa die Hälfte in 30 cm Höhe, die anderen 80–120 cm Höhe, je nach Alter der Kinder. Die Aufgabe der Gruppe ist nun, diesen Parcours zu überwinden, ohne die Schnüre zu berühren. Jedes Gruppenmitglied muss entscheiden, ob es lieber über oder unter allen Schnüren durch möchte, und das auch dem ganzen Parcours entlang tun. Die Teilnehmenden sollen sich gegenseitig helfen. Wenn alle den Parcours absolviert haben (ohne Berührung), ist die Aufgabe gelöst. Berührt eine Person eine Schnur, so muss die ganze Gruppe von vorne beginnen.

Frantic

10   20 Min.

Material
Mehrere Tennisbälle

Die Aufgabe der Gruppe besteht darin, alle Tennisbälle, die von der Spielleitung nach und nach eingegeben werden, solange wie möglich innerhalb des Spielfeldes in Bewegung zu halten. Die Bälle dürfen mit allen Körperteilen weitergekickt, nicht aber gehalten werden. Zu Beginn des Spieles werden genauso viele Bälle in das Spielfeld gerollt wie Personen mitspielen. Nach 30 Sekunden Spielzeit gibt die Spielleitung alle 10 Sekunden zusätzlich einen neuen Ball ins Spiel. Sobald die Spielleitung sieht, dass ein Ball ruhig im Spielfeld liegt oder das Spielfeld verlässt, ruft sie laut «eins» und zählt so fortlaufend die stehenden oder ausgefallenen Bälle – beim sechsten ist das Spiel zu Ende. Die Spielleitung ruft «aus» und stoppt die Zeit. Kann die Gruppe nach einer kurzen Besprechung das Resultat in einer zweiten Runde verbessern?
Empfehlenswert ist es, wenn die Spielleitung zu zweit ist, eine Person, die das Spielfeld kontrolliert, die andere, die alle 10 Sekunden einen Ball ins Spielfeld rollt und die Zeit stoppt.
Variante: Das gleiche Spiel mit den gleichen Regeln wird mit Luftballonen gespielt, welche nicht auf den Boden fallen dürfen. Haben sechs Ballone den Boden berührt, ist das Spiel zu Ende.

Knoten im Seil

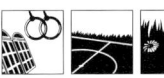   

8   15 Min.

Material
1 Springseil pro Person

Die Spielenden stellen sich in eine Reihe. Jede und jeder hält das eigene Springseil an einem Ende mit der rechten Hand und fasst mit der linken Hand nach dem freien Seilende der Person hinter sich. Zwischen den Spielenden ist so immer ein von beiden festgehaltenes Springseil gespannt, bis auf die Personen am Ende der Reihe, welche die äußere Hand frei behalten. So ist ein «langes» Seil aus Menschen und Springseilen entstanden. Die Aufgabe der Gruppe besteht nun darin, in jedes Springseil einen Sackstich-Knoten (Anfangsknoten beim Schuhbinden) zu knüpfen, wobei die Springseile nie losgelassen werden dürfen!

Hexenhaus

8   15 Min.

Material
1 Seil pro Gruppe

Die bekannte Zeichnungsaufgabe soll hier mit einem Seil in die Tat umgesetzt werden. Die Gruppe hat die Aufgabe, sich in der Form eines Hauses aufzustellen, wobei das Seil die Umrisse zeichnet. Die Gruppe erhält ein langes Seil, das jede beteiligte Person vom Anfang bis zum Ende des Spiels an der gleichen Stelle halten muss. Die Mitspielenden müssen ihre Plätze am Seil also so wählen, dass sie die wichtigsten Endpunkte in der Hauszeichnung einnehmen können. Die Planung am noch gestreckten Seil ist wichtig.

Hürdenlauf

8   10 Min.

Material
Diverses Material (Hürden, Hütchen usw.),
Augenbinden

Zwei Gruppen durchlaufen einen Hürdenparcours über diverse Kleingegenstände. Eine Gruppe ist blind (Augen verbinden), die andere Gruppe gibt verbal Anweisungen und führt so die Blinden. Wenn jemand einen Gegenstand umstößt, muss jeweils die ganze Gruppe nochmals von vorne beginnen.

Mondfähre

4   10 Min.

Material
Pro Gruppe: 1 Brett, mehrere Holzstäbe,
3 Holzstäbe für Grup

Mit einer Mondfähre soll ein 15 m langes Gebiet durchquert werden. Die Mondfähre besteht aus einem Brett (oder einer umgedrehten Langbank) und darunter liegenden mehreren Holzstäben. Die Astronauten erhalten noch drei Holzstäbe zusätzlich, um die Fähre durch Stochern am Boden zu manövrieren. Abgesehen davon darf der Boden nicht berührt werden. Jede Bodenberührung eines Astronauten hat unweigerlich die Rückkehr der gesamten Gruppe zum Ausgangspunkt zur Folge. Die Gruppe muss die Stäbe, die beim Fortbewegen hinten unter dem Brett hervorkommen, vorne wieder darunter legen.

Magische Reifen

8   10 Min.

Material
Pro Spielenden 1 Reifen (oder Velopneu)

Die Spielenden bilden einen Kreis. Jede und jeder hat einen Reifen und gibt der benachbarten Person rechts durch diesen hindurch die Hand. Die Aufgabe der Gruppe besteht nun darin, dass alle durch alle Reifen durchkrabbeln sollen, ohne die Hände, die sie einander geben, je loszulassen und ohne dass die Reifen sich gegenseitig berühren.

Reifenball

8   10 Min.

Material
1 Ball, 2 Reifen (Holzreifen oder Velopneu)

Es werden zwei Gruppen gebildet. Je ein Mitglied pro Gruppe stellt sich in einen Reifen, der irgendwo im Spielfeld liegt. Die Spielenden müssen einander in der eigenen Mannschaft den Ball so zuwerfen, dass der eigene Spielende im Reifen diesen irgendwann fangen kann, ohne seinen Reifen zu verlassen. Die Spielenden der anderen Mannschaft versuchen dies zu verhindern. Wer den Ball hat, darf nicht laufen, sondern muss wieder abspielen. Wenn der Ball auf den Boden fällt oder wenn er von der gegnerischen Gruppe abgefangen wird, wechselt der Ball die Mannschaft. Bei jedem erzielten Punkt erfolgt ein Wechsel zwischen werfender Person und jener im Reifen.

Platzwechsel

8   10 Min.

Material
1 Baumstamm (oder umgedrehte Langbank)

Es werden zwei gleich starke Gruppen gebildet. Jede Gruppe stellt sich am Ende eines Baumstammes (umgedrehte Langbank) hin. Nun müssen alle Mitglieder der beiden Gruppen ihren Platz wechseln, indem sie über den Baumstamm laufen. Dabei dürfen sie nie den Boden berühren, müssen sich also aneinander vorbeischleichen. Sollte jemand auf den Boden kommen, so müssen alle Teilnehmenden wieder am Ausgangspunkt beginnen.
Variante: Die Teilnehmenden müssen zusätzlich Gegenstände transportieren.

Platz auf kleinstem Raum

10   10 Min.

Material
Kastenoberteil oder Seil als Markierung

Eine Gruppe hat die Aufgabe sich auf einen eng begrenzten Raum (zum Beispiel auf ein Schwedenkasten-Oberteil) zu stellen. Dabei darf jede Person nur auf einem Bein stehen und nirgends Kontakt außerhalb des Kastenoberteils haben (keine Wand, Stangen usw.). In dieser Position soll die Gruppe von 10 bis 14 Personen mindestens drei Sekunden ausharren. Welcher Gruppe gelingt es, die Aufgabe mit den meisten Personen auf einem bestimmten, kleinen Feld zu lösen?

Tinguely-Maschine

8   10 Min.

Jeweils sechs bis zehn Spielende bilden eine Gruppe mit der Aufgabe eine Tinguely-Maschine zu bauen, die sich bewegt und dazu passende rhythmische Töne abgibt (Tinguely ist ein Künstler, der altes Material zu klappernden, sich bewegenden Ungetümen zusammenbaut). Eine Person beginnt mit einer sich wiederholenden Bewegung, die sie mit den passenden Tönen ergänzt. Die zweite Person nimmt Körperkontakt zur ersten Person auf (hält die erste Person am Ohr oder steht ihr leicht auf den Fuß oder...) und versucht, die Bewegung der ersten Person mit einer weiteren Bewegung zu ergänzen, und erfindet so ein neues Maschinenteil mit eigenen Geräuschen. Jede weitere Person macht dasselbe, bis eine ganze Maschine mit Geräuschen dasteht und sich bewegt.

Variante: Den Spielenden kann ein zu einer Maschine passender Musiktitel vorgegeben werden, auf den sie ihre Gestaltung ausrichten müssen. Oder eine Person spielt Ingenieur und konstruiert alle mit entsprechenden Bewegungen zusammen, wobei er Ideen der Mitspielenden kreativ aufnimmt.

Rettung aufs Dach

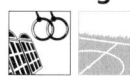 

8   20 Min.

Material
3 Barren, 2 Weichbodenmatten
Sicherheitshinweise
Absturzgefahr: Matten rund um die Barren legen!

Über drei parallel nebeneinander stehenden Barren wird eine oder zwei Weichbodenmatten gelegt. Die Barren werden so hoch eingestellt, dass niemand ohne Fremdhilfe auf die Matte hinaufgelangen kann. Die Gruppe ist unterwegs und wird von einer Flutwelle überrascht. Sie kann sich nur noch, so schnell als möglich, auf ein Dach (Matte auf Barren) retten! Dabei dürfen die Eisenträger (= Barrenpfosten) als Steighilfe nicht benützt werden, da sie in dieser Nässe unter Strom stehen. Auch sonst sind keine Steighilfen erlaubt. Die Mitglieder der Gruppe können einander gegenseitig helfen, sodass alle Teilnehmenden gerettet werden. Schafft es die Gruppe beim zweiten Durchgang schneller?

Erlebnisspiele

Durch aufbauende Erlebnisse in der Gemeinschaft, das Erreichen von Zielen und das gemeinsame Ausbrechen aus der Routine des Alltags können junge wie ältere Menschen neue Kraft, Sicherheit und Selbstvertrauen finden. Wenn in einer herausfordernden körperlichen Aktivität gemeinsam mit anderen Erfolg und Bestätigung erlebt wird, steigt die Eigenmotivation und die Teamfähigkeit wird verbessert. Die Spielformen in diesem Kapitel sind komplexer als die Kooperationsspiele und haben jeweils mehrere Lösungsmöglichkeiten.

Aus: kuki, rex verlag luzern

AKW-Abbau

6   30 Min.

Material
**2 Plastikeimer, viele Tennisbälle, mehrere Spring-
seile, Seile oder Vogelband für Spielfeldmarkierung,
evtl. Plastikschläuche oder -rohre**

Ein Seil wird zu einem Quadrat (4 × 4 m)
ausgelegt. Das Quadrat stellt den Reaktorraum dar. In dessen Mitte befindet sich
der Reaktor (Eimer) mit den verbrauchten
Brennelementen (Tennisbällen). Jeder Kontakt mit dem Reaktorraum ist äußerst ge-
fährlich. Er darf nicht betreten werden. Zum
Ausbau der Brennelemente stehen der
Gruppe zur Verfügung: ein zweiter Eimer
(Transporteimer), kleinere Seile und Plastikschläuche als Werkzeuge. Mit diesen Werk-
zeugen müssen die Brennelemente gebor-
gen (aus dem Eimer geholt) und in den
Transporteimer gebracht werden. Weder Personen noch Werkzeuge dürfen jedoch den
kontaminierten Boden innerhalb des Reak-
tors (ausgelegtes Quadrat) berühren. Ziel ist
es, die Brennelemente zu bergen, wobei der
Reaktor (Eimer) selbst jedoch im Reaktorraum verbleiben muss.

Blindformen

4   10 Min.

Material
50 m Seil, 1 Augenbinde pro Person

Die acht Mitglieder einer Gruppe erhalten je
eine Augenbinde. Während des gesamten
Spieles sollen die Augen geschlossen bleiben. Die Gruppe hat den Auftrag, das Seil zu
finden, das die Spielleitung in ca. zehn
Metern Entfernung hingelegt hat. Sobald
das Seil gefunden wurde, muss es in die

Form eines Quadrates gebracht werden,
wobei die gesamte Seillänge verwendet werden muss. Die Gruppe muss selbst entscheiden, wann sie fertig ist, und darf dann die
Augenbinden abnehmen, um das Ergebnis
zu überprüfen.

Elektrischer Zaun

8   30 Min.

Material
1 Seil, 1 stabiles Brett

Sicherheitshinweise
**Es dürfen keine Personen katapultmäßig mit dem
Brett über den Zaun geworfen werden!**

Ein elektrischer Zaun, welcher durch ein
gespanntes Seil dargestellt wird, muss über-
klettert werden, ohne dabei durch eine
Berührung des Seils einen elektrischen
Schlag zu erhalten. Alle Gruppenmitglieder
versammeln sich zu Beginn auf der einen
Seite des Seils. Ihre Aufgabe ist es, über den
elektrischen Zaun auf die andere Seite zu
gelangen. Allerdings darf dabei das Seil
nicht berührt werden. Auch darf es nicht
unterquert werden, da der Zaun bis zum
Boden hinuntergeht. Das Seil wird auf die
Höhe der Nasenspitze der kleinsten Person
der Gruppe gespannt. Einziges Hilfsmittel ist
ein Brett.
Für den Fall, dass jemand das Netz berührt
(Glöcklein läutet), muss die ganze Gruppe
nochmals von vorne beginnen.

Filzpantoffel-Weitsprung

5   20 Min.

Material
2 Langbänke, 1 Reckanlage, 2 Weichbodenmatten, Springseile, 1 Paar Filzpantoffeln (gleitende Schuhe oder Überzieher für Schuhe)

Zwei Langbänke werden als «Sprungschanze» auf der einen Seite einer Reckstange hochgebunden, sodass sie schräg von der Stange auf den Boden gehen. Diese Sprungschanze kann mit der Einstellung der Höhe der Reckstange variiert werden. Auf der anderen Seite der Reckstange werden zwei Weichbodenmatten (dicke Matten) hingelegt.
Eine Person schlüpft in zwei Filzpantoffeln und stellt sich am unteren Ende auf die Langbänke. Immer zwei Mitspielende halten je ein Ende eines etwa 10 Meter langen Seils (zusammengeknüpfte Springseile) und stellen sich je beidseits der Matten hin. Sie reichen die Mitte des Seiles über die Reckstange zur Person mit den Filzpantoffeln. Diese hält sich in der Mitte des Seiles fest. Die vier Personen ziehen nun gemeinsam an den Enden des Ziehtaues und schleifen so die Person mit den Pantoffeln über den Schanzentisch zum Flug und zur Landung auf den beiden dicken Matten. Dort sind jeweils drei Zonen eingezeichnet, welche die Punktzahl (max. 6 Punkte) ergeben. Welche Gruppe hat am Schluss die meisten Punkte?

Flussüberquerung

8   30 Min.

Material
2 Seile für Ufermarkierung, 3 Harasse (Bierkästen), 4 Balken oder Bretter à 3 Meter

Mit zwei Seilen wird die Uferzone markiert (ca. 10 Meter breit). In den Fluss (zwischen die zwei Seile) werden drei Harasse (Bier- oder Mineralwasserkasten) gestellt als Sandbänke, die gefahrlos betreten werden dürfen. Zum Überqueren müssen drei Balken vom Ufer her so zu den Harassen von Harasse zu Harasse gelegt werden, dass folgende Vorschriften eingehalten werden: Die drei Sandbänke müssen mit den Balken so miteinander verbunden werden, dass kein Balken direkt von Sandbank zu Sandbank gelegt wird. Die Gruppe erhält vor dem Spiel keinen Einblick in die Lösung. Die Spielenden dürfen beim Brückenbau und beim Flussüberqueren den Boden innerhalb der Flussmarkierung nicht berühren, also nur auf Balken und Harassen gehen. Sollte eine Person den Boden berühren, so muss die ganze Gruppe von vorne beginnen.

Gefängnisausbruch

8   10 Min.

Material
1 Langbank (oder 1 dickes Brett), kleines Heft mit Bleistift

Sicherheitshinweise
Bei der Überquerung der Mauer sind nur Fusssprünge erlaubt.

Eine Weichbodenmatte (dicke Matte) als Gefängnismauer wird von einer Hälfte der Gruppe von der Seite her aufrecht gehalten. Hinter der aufrecht stehenden Matte liegt eine weitere Weichbodenmatte als Straße.

Die andere Hälfte der Gruppe sind Fliehende und versuchen nun, die Mauer zu überqueren. Keine Person darf zurückbleiben, da die mangelnde Solidarität der ehemaligen Mitgefangenen ihr Wissen über mögliche Aufenthaltsorte der Flüchtigen sofort preisgeben würden.

Variante: Ausbruch mit Handschellen: Immer zwei Personen müssen sich die ganze Zeit an einer Hand fassen und so gemeinsam die Mauer überwinden.

Fahnenspiel

10   20 Min.

Material
Je 2 Fahnen (Stück Stoff) pro Gruppe, Markierungs-bänder, Seile für Zonenmarkierung oder Vogelband

Eine Spielfläche (Turnhalle) wird halbiert. In jeder Hälfte wird je ein Gefängnis und eine neutrale Zone (je zwei Kreise mit Markier-band, 1 m Durchmesser) gekennzeichnet. In die neutrale Zone wird eine Fahne (ein Tuch) gelegt. Ziel ist es, die eigene Fahne, die im neutralen Kreis im gegnerischen Spielfeld liegt, in den neutralen Kreis der eigenen Spielhälfte zu holen. Mitglieder der gegnerischen Gruppe können im eigenen Gebiet durch Berührung gefangen genommen werden. Die Person muss in das Gefängnis (Gefängniskreis). Wenn jemand aus der eigenen Gruppe eine Person im Gefängnis berührt, ist diese wieder befreit. Wird jemand gefangen, der die Fahne in den Händen hat, muss er oder sie zuerst möglichst schnell die Fahne zurücklegen und dann ins Gefängnis.

Sobald eine Gruppe die eigene Fahne aus dem gegnerischen Feld zurückgeholt hat, ist das Spiel beendet.

Gipfelbuch

8   10 Min.

Material
1 Langbank (oder 1 dickes Brett), kleines Heft mit Schreibstift

Sicherheitshinweise
Matten auf den Boden legen. Bei großer Höhe sollte zusätzlich mit einem Seil (top rope) gesichert werden.

Eine Langbank wird hochkant schräg an die Wand gelehnt. An ihrem Ende befindet sich das Gipfelbuch. Vier oder mehr Personen halten jeweils die Bank, die fünfte Person klettert die Bank hoch und trägt sich, oben angekommen, mit ihrem Namen in das Gip-felbuch ein.

Wald: Hier kann ein dickes Brett gegen einen oder mehrere breite Baumstämme gelehnt werden.

Klettertransport

 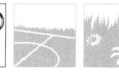

8   20 Min.

Material
1 Plastikkorb, 30 Tennisbälle

Oben an einer Kletterstange (einem kleinen Baum) ist seitlich ein Papierkorb befestigt. Die Vierergruppe soll nun so an den Stangen hochklettern, dass sie eine Kette bildet, wobei jede der nächsthöheren Person einen Tennisball weiterreichen kann. Die unterste Person nimmt die Bälle nacheinander aus einem Korb am Boden und reicht sie der nächsten Person usw., die letzte Person legt sie oben in den Korb. Die Bälle müssen von Hand zu Hand weitergereicht und dürfen nicht geworfen werden. Wie lange braucht die ganze Gruppe, bis sie 15 Bälle im Korb hat?

Kletterwand

6   30 Min.

Material
1 Weichbodenmatte, mehrere Springseile

Eine Sprossenwand wird herausgestellt. Eine Weichbodenmatte (dicke Matte) wird hochkant an die Sprossenwand angelehnt und mit Sprungseilen daran befestigt. Nun muss eine Seilschaft (ganze Gruppe) gemeinsam dieses Hindernis (Nordwand) überwinden. Man darf einander dabei helfen, wobei aber keine weitere Hilfsmittel zur Verfügung stehen. Erst wenn die ganze Seilschaft über die Nordwand geklettert ist, geht sie gemeinsam zum Startpunkt zurück und übersteigt sie ein weiteres Mal. Wie viele Male gelingt es der Gruppe, innerhalb von fünfzehn Minuten diese Nordwand zu überwinden?

Kugellager

8   15 Min.

Material
2 Tennisbälle pro Person

Die Teilnehmenden stellen sich eng nebeneinander in einem Kreis auf. Alle Spielenden versuchen nun auf je zwei Tennisbällen zu balancieren, wobei sie der linken und rechten Person die Arme über die Schultern legen. In dieser Position sollte die Gruppe nun für 30 Sekunden verweilen können, ohne dass jemand vom Ball rutscht und den Boden berührt. Im zweiten Durchgang muss die Gruppe auf die Hälfte der Bälle verzichten. Gelingt es ihr noch einmal, diese Position für 30 Sekunden einzunehmen?

Seilwanderung

4   30 Min.

Material
2 statische Seile

Sicherheitshinweise
Seilspanner-Knoten siehe Kapitel Knoten (Seite 83)

Eine Gruppe von vier bis fünf Personen hat die Aufgabe, über zwei parallel zueinander, straff gespannte Seile von Punkt A zu Punkt B zu gelangen. Die Seile sollten in 1 m Höhe jeweils zwischen zwei dicke Bäume gespannt werden. Die Gruppe soll Hand in Hand die Seile überqueren.

Schatz im Säuresee

6   30 Min.

Material
Statisches Seil, Klettergurt, 2 Karabiner, Markierungsseil oder Vogelband, Augenbinde

Eine Gruppe soll einen auf dem Grund eines Sees liegenden Schatz, von welchem giftige Dämpfe aufsteigen, heben. Direkt am Ufer des Sees steht ein Baum. Der See hat einen Durchmesser von ca. 10 m. Das Seil, welches in gut 3 m Höhe an einem Baum befestigt ist und auf der anderen Seite über einen Karabiner läuft, der ebenfalls in etwa 3 m Höhe befestigt ist, wird von der restlichen Gruppe gespannt. Eine Person muss nun blind (mit aufgesetzter Augenbinde) bis zur Mitte des Sees hangeln, gesichert durch Karabiner und Klettergurt. Wenn die kletternde Person über dem Schatz ist, lässt die Gruppe das Seil so weit hinunter, dass sie blind den Schatz greifen und dann, wenn das Seil wieder gespannt ist, mit dem Schatz zurückhangeln kann.

Turnhalle: Anstelle des Baumes wird ein Reckposten verwendet.

Spinnennetz

8   30 Min.

Material
Mehrere Springseile, 3–5 kleine Glöcklein

Sicherheitshinweise
Personen dürfen nicht durch ein Loch im Spinnennetz geworfen werden!

Zwischen zwei Bäume oder zwei Reckstangen wird senkrecht ein Spinnennetz aus Seilen gespannt, mit einigen Löchern, die so groß sind, dass jemand, ohne das Seil zu berühren, hindurchklettern kann. An den Schnüren sind einige Glöcklein befestigt. Nun soll eine Gruppe von sechs bis neun Personen durch dieses Spinnennetz schlüpfen, ohne dass ein Glöcklein läutet. Bei einer Berührung (Läuten eines Glöckleins) muss die ganze Gruppe wieder zum Ausgangspunkt zurückkehren.

Tausendfüßler

5   10 Min.

Von einer Fünfergruppe befindet sich die erste Person im Knie-Vierfüßler-Stand (auf den Händen und den Knien). Die nächste Person legt ihre Füße auf die Schultern des Knienden und stützt sich mit ihren Händen auf dem Boden ab (Liegestütz-Form). Die dritte, vierte und fünfte Person schließen auf die gleiche Weise vorne an. In dieser Stellung soll nun die Gruppe eine bestimmte Strecke zurücklegen, ohne dass einer absteigen muss. Welche Gruppe kommt in 2 Minuten am weitesten?

Tisch

6   20 Min.

Material
1 großer stabiler Tisch oder 1 Langbank zwischen Sprossenwand und Schwedenkasten eingeklemmt

Sicherheitshinweise
Der Tisch muss sehr stabil sein! Auf einen sicheren Stand sowie einen gefahrlosen Unterstand ist zu achten.

Die gesamte Gruppe stellt sich auf den Tisch oder die Langbank. Jedes Gruppenmitglied muss einmal unter dem Tisch oder der Langbank hindurchklettern, ohne dabei den Boden zu berühren. Die Gruppe kann dabei Hilfestellungen geben, darf jedoch den Tisch nicht verlassen. Je nach Können der Gruppe kann die Spielleitung die Strafe für eine Bodenberührung wie folgt festlegen: die Person muss nochmals unten durchklettern oder die ganze Gruppe beginnt von vorne.

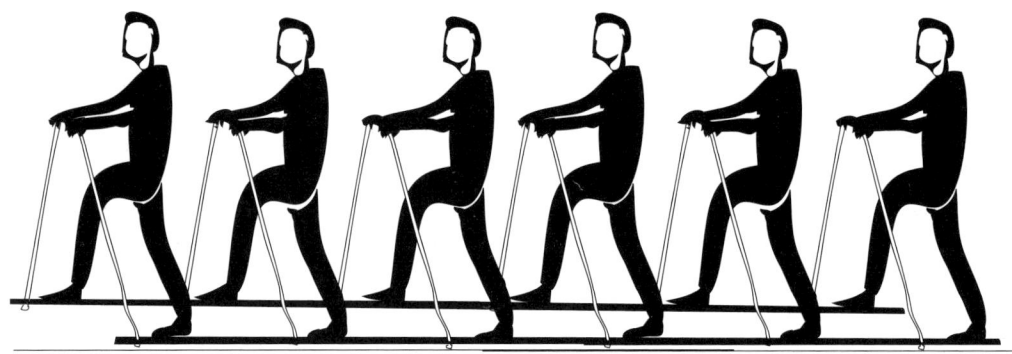

Trolli

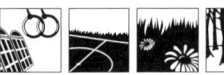 

6   **20 Min.**

Material
**1 Trolli pro Gruppe (siehe Skizze): 2 Bretter 150 cm,
3 Springseile, Bohrer**

Die Gruppe soll mit einem Trolli eine Strecke von 20 Metern zurücklegen, ohne dass jemand mit den Füßen den Boden berührt. Sollte dies trotzdem geschehen, wird der Trolli um eine Strafstrecke (z.B. 5 Meter) zurückversetzt oder muss nochmals vom Startplatz beginnen.

Bauanleitung von Trolli: In zwei Bretter oder Kanthölzer von 150–200 cm Länge werden je an der gleichen Stelle Löcher gebohrt: ein erstes 15 cm vom einen Ende entfernt (vorne), das nächste in der Mitte, das dritte etwa 50 cm vom Ende entfernt. Durch die Löcher wird jeweils auf gleicher Höhe jedes Brettes je ein Seilende durchgesteckt und auf der anderen Seite so verknotet, dass der Knoten nicht wieder durch das Loch zurückweichen kann. Drei Spielende stellen sich so auf das Brett, dass die Füße jeweils direkt hinter dem Loch stehen, aus dem das Seil vom einen zum anderen Brett geht. Dann fasst jede und jeder das Seil in der Mitte. Auf Kommando heben alle gemeinsam das rechte Brett zusammen mit dem rechten Fuss und stellen es weiter vorne wieder ab. Dann das linke und der Trolli bewegt sich fort.

Unsichtbares Labyrinth

6   30 Min.

Material
1 Plane mit einem aufgezeichneten Labyrinth (oder auf den Boden gezeichnet)

Die Gruppe steht vor einem unsichtbaren Labyrinth, einer Plane mit 64 Feldern (8 × 8 Felder zeichnen). Die Gruppe versucht nun, sich über das Labyrinth von der einen zur anderen Seite zu bewegen. Die Spielleitung hat vor sich einen kleinen Spielplan mit ebenfalls 64 Feldern. Etwa die Hälfte der Felder sind schwarz, sind also begehbare Brückenteile. Es gibt nur einen möglichen Weg, der durchgehend von der einen Seite zur anderen führt, das heißt, auf welchem die schwarzen Felder über die Ecke oder eine Seite durchgehend aneinander grenzen.

Während des ganzen Spiels darf nicht gesprochen werden.
Die erste Person beginnt und tritt auf ein beliebiges Feld. Die Spielleitung gibt sofort eine Rückmeldung, ob das Feld begehbar ist oder nicht. Ist es begehbar, darf die Person ein nächstes angrenzendes Feld direkt nebenan oder diagonal aussuchen; ist es nicht begehbar, muss diese Person das Labyrinth wieder verlassen und die nächste Person versucht sich durch das Labyrinth zu fragen usw. Alle müssen sich natürlich merken, welches Feld nun begehbar ist und welches nicht. So haben die Gruppenmitglieder die Verantwortung gut zu beobachten und sich die begehbaren Felder zu merken.
Variante: Zwei Gruppen spielen gleichzeitig gegeneinander. Wenn jemand der einen Gruppe auf ein nicht erlaubtes Feld treten will, kommt die andere Gruppe an die Reihe usw.

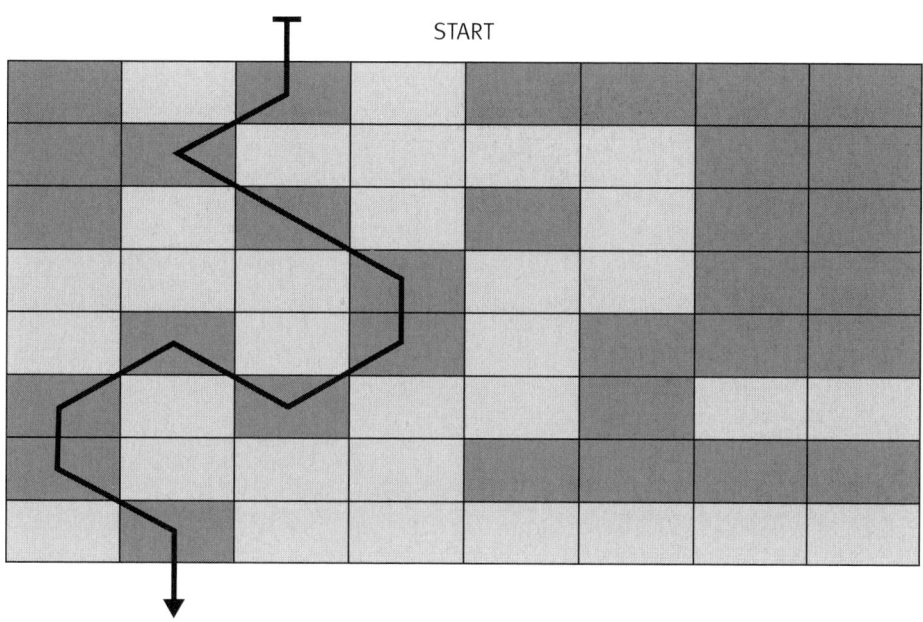

START

Abenteuerspiele

Abenteuerspiele sind freiwillige sportliche Betätigungen mit einer offenen Ausgangssituation. Der Spielverlauf ist nicht einfach kalkulierbar. Daher muss jede einzelne Person selbst auswählen, wie weit sie gehen und mitmachen möchte. Da ein Scheitern in einem solchen Spiel nicht nur symbolische, sondern auch physische und psychische Folgen haben kann, sind Sicherheitsvorkehrungen von größter Bedeutung. Abenteuerspiele sind stark von den mitspielenden Personen abhängig, da diese sehr unterschiedliche Voraussetzungen mitbringen: die sportlichen Fähigkeiten, die Abenteuerbereitschaft und die individuelle Grenze. Daher braucht es eine gewisse Erfahrung von Leitenden und Teilnehmenden, wenn Abenteuerspiele in der Gruppe erfolgreich sein sollen.

American Gladiators

8   120 Min.

Material
Diverses Material (je nach Posten)

Sicherheitshinweise
Klare Regeln müssen eingehalten werden!
Sturzzonen müssen mit Matten gesichert werden!

Grundsätzlich kämpft jeder Gladiator (Spielende) gegen jeden. Mittels Los wird entschieden, wer gegen wen spielt oder welche Gruppe Gegner ist. Verschiedene Stationen ergeben jeweils Rangpunkte, welche am Schluss zusammengezählt werden. Wer die wenigsten Rangpunkte hat, hat gewonnen. Hier einige Möglichkeiten von Spiel-Stationen:

American Football-Lauf

Eine Strecke wird als Gasse links und rechts im Abstand von etwa 4 m begrenzt. In dieser Gasse verteilen sich die anderen Gladiatoren im Abstand von etwa zwei Metern zueinander. Jeder Gladiator hält eine Matte vor sich und darf sich nur seitlich nach links oder rechts bis zum Gassenrand bewegen. Jede mitspielende Person muss nun einmal durch geschicktes Laufen die Mattenbahn durchqueren, ohne von den Hindernissen (andere Gladiators, die eine Matte vor sich halten) lange ausgebremst zu werden. Es wird die Zeit von Beginn des Laufes bis zum Ende gestoppt. Wird die äußere Mattenbahn oder Absperrung betreten, gibt es einen Zeitzuschlag oder die Person muss hinter den letzten Gladiator zurück.

Variante: Am Schluss der Bahn versucht die laufende Person noch einen Gladiator aus einem Kreis zu stoßen. Zu Beginn des Kampfes müssen beide Personen für zwei Sekunden ruhig an Ort stehen.

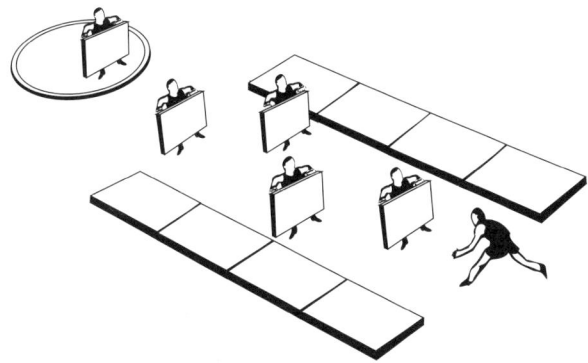

Tauziehkampf

Zwei Spielende stehen je auf einem Kasten und halten sich je am Ende eines Taus. Zwischen den Kästen liegt eine Weichbodenmatte. Durch schnelles Ziehen resp. Loslassen soll die gegnerische Person vom Kasten gezogen werden. Der Sieger pro Durchgang erhält 3 Punkte, ein Unentschieden nach 30 Sekunden gibt einen Punkt.

Turmkampf

Eine Person steht auf einem niedrigen Kasten (30 cm hoch). Sie muss sich mit einer Matte, die sie vor sich hält, schützen. Sie versucht die folgenden Angriffe zu parieren und auf dem Kasten zu bleiben. Schafft sie es nach drei Versuchen noch auf dem Kasten zu stehen, erhält sie 5 Punkte, fällt sie erst beim dritten Versuch hinunter, so erhält sie 3 Punkte, beim zweiten Versuch gibts noch einen Punkt, beim ersten Versuch null Punkte. Eine zweite Person steht etwa zwei Meter entfernt auf einem höheren Kasten (ca. 100 cm hoch) und hält sich an einem Tau, das genau in der Mitte zwischen den beiden Spielenden aufgehängt ist. Sie schwingt am Tau gegen die Matte, welche die Person auf dem niedrigeren Kasten vor sich hält. Sie darf nur eine Körperseite und das Gesäß einsetzen, um die andere Person hinunterzustoßen. Angewinkelte Beine sind verboten! Sie bekommt fünf Punkte beim Gelingen im ersten Versuch, beim zweiten noch drei Punkte, beim dritten einen Punkt, bei Nichtgelingen null Punkte.

Moonhooperkampf

Eine Person versucht auf einem Moonhooper (spezieller Hüpfball) hüpfend eine Gasse zu durchqueren ohne mit den Füßen auf den Boden zu stehen. Schafft sie es innerhalb 30 Sekunden, erhält sie 5 Punkte, ist sie nach 30 Sekunden noch nicht im Ziel (ohne den Boden berührt zu haben), erhält sie 3 Punkte. Die Aufgabe wird von Gegnern erschwert, die sich auf einem Moonhooper in den Weg stellen, sich aber nur seitlich und nicht nach vorne oder hinten bewegen dürfen.

Eine verteidigende Person scheidet aus, wenn sie den Boden berührt. Die Person, welche die Gasse durchqueren will, darf jeweils wieder aufsteigen.

Brückenkampf

Zwei Personen erhalten je einen großen Gymnastikball (Sitzball), den sie vor sich tragen. Sie stellen sich auf den Balken einer umgedrehten Langbank. Sie versuchen einander hinunterzustoßen. Der Sieger erhält 5 Punkte, der Verlierer null Punkte. Sind nach 30 Sekunden beide Personen noch auf der Langbank, so erhalten beide zwei Punkte.

Tarzan-Gladiator

Beide Personen, welche sich mit einem Fahrradhelm schützen, halten sich an einer Liane fest (evtl. unten einen Knoten machen, auf dem man sich mit den Füßen abstützen kann). Nun versuchen sie einander von der Liane hinunterzuzerren. An den Kleidern reissen ist verboten. Wer gewinnt, erhält fünf Punkte, nach 30 Sekunden ohne Sieger erhalten beide je zwei Punkte, wer hinunterfällt erhält null Punkte.

Abschusszone

Der eine Gladiator versucht mit zwölf Bällen, je drei Bälle verteilt auf vier Stationen, jede etwas näher beim Korb, die Basketballwand zu treffen, ohne vom anderen Gladiator, der auf einem Schwedenkasten unter dem Basketballkorb steht und dort ein Depot von Tennisbällen hat, getroffen zu werden. Bei jeder Station steht ein Schutz, hinter dem sich der werfende Spieler zwischendurch verstecken kann (Pferdpauschen, aufrecht stehende Matte). Der laufende Gladiator trägt einen Helm und einen Brustschutz

(z.B. Schwimmweste, Unihockey-Torhüterhemd). Der Gladiator auf dem Kasten darf die in Richtung Basketballbrett geworfenen Bälle nicht abwehren. Trifft der Läufer das Basketballbrett (der Ball muss nicht in den Korb) innerhalb von 2 Minuten, erhält er 10 Punkte; schafft er es zur Ballstation, ohne getroffen zu werden, erhält er fünf Punkte, wird er abgeschossen, so erhält er pro Hindernis, das er vor dem Abschuss erreicht hat, je einen Punkt.

Hasenjagd

Ein Gladiator soll als «Hase» über eine Balancierstrecke eilen (umgedrehte Langbänke, die schräg, z.B. an Barren festgemacht sind) und den Ball, den er mit sich trägt, in den Basketballkorb werfen. Etwa 2 Meter von der Balancierstrecke entfernt stehen auf beiden Seiten je zwei Gladiatoren als «Jäger». Sie haben je zwei Soft- oder Airbälle und versuchen, den Hasen von der Balancierstrecke zu «schießen», sodass der Hase vom Brett auf den Boden springen muss. Pro geschaffte Strecke hat der Gladiatorhase einen Versuch, den Ball in den Korb zu werfen. Gelingt ihm dies nicht, muss er zurück zum Start und nochmals die Strecke absolvieren.

Bachüberquerung

10   30 Min.

Material
Seil, Bretter

Sicherheitshinweise
Knoten der Seile kontrollieren

Ein Bach muss trockenen Fußes sicher überquert werden. Als Hilfe dürfen verschiedene Materialien (Seile, Bretter usw.) verwendet werden. Die Aufgabe ist erfüllt, wenn alle Gruppenmitglieder das andere Ufer erreicht haben, ohne dass dabei ein Körperteil nass wurde.
In der Turnhalle werden Hindernisse entsprechend aufgestellt.

Gletscherspalte

8   30 Min.

Material
2 Weichbodenmatten

Sicherheitshinweise
Klare Abmachungen für das Klettern. Für Notfälle (Platzangst) ein Zeichen vereinbaren

Zwei Weichbodenmatten werden hochkant hinter eine Sprossenwand oder ein Klettergerüst geschoben. Die Matten müssen so eng stehen, dass ein schnelles Durchrutschen nicht möglich ist (evtl. eine dritte Matte hineinschieben). Die Teilnehmenden klettern an Sprossenwand/Klettergerüst hoch und rutschen von oben zwischen die beiden Weichbodenmatten. Anschließend arbeiten sie sich zur Seite hin hinaus.
Variante: Die Teilnehmenden drücken sich von der Seite her zwischen die Matten (in die Gletscherspalte) hinein und versuchen, nach oben wieder aus der Gletscherspalte zu klettern.

Balkenüberquerung

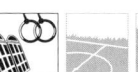

6   30 Min.

Material
Balken, Bindestricke

Sicherheitshinweise
Kreisbund siehe im Anhang Knoten (Seite 89).
Unter dem Balken müssen gefährliche Gegenstände entfernt werden!

Eine Gruppe von sechs bis acht Personen soll einen Balken, der waagrecht in einer Höhe von 1,80 bis 2 m zwischen zwei Bäumen befestigt wurde, überqueren. Dabei dürfen max. 3 Personen gleichzeitig auf dem Balken sein. Nicht am Überqueren befindliche Personen sichern und begleiten.
Turnhalle: Der Balken kann zwischen zwei Reckposten angebunden werden.

Harasse- oder Bierkasten-Klettern

8   20 Min.

Material
Mehrere leere Harasse (Bier- oder Mineralwasserkästen), 2 Seile, 1 Haken, 2 Klettergurte, 2 Sicherheitskarabiner, 1 Abseilachter oder Gribri, evtl. eine Bandschlinge

Sicherheitshinweise
Gute Verankerung des Sicherungsseils via Baum oder Turnhallendecke einrichten

Eine Harasse (Bierkasten) wird auf den Boden gestellt. Sie ist das Fundament des Harasseturmes. Die kletternde Person erhält jeweils eine nächste Harasse von einem zweiten Seil, mit dem die Harasse, an einen Haken gehängt, auf die Höhe der kletternden Person gezogen wird. Wer klettert, darf nur auf den Harassen des Turmes stehen und stellt die neue jeweils zuoberst auf die aufeinander gestapelten Harasse.

Die Person ist mit einem Klettergurt an einem Seil, welches über einen Karabiner an der Turnhallendecke (z.B. an einem Schaukelring) oder einen festen Ast läuft, gesichert. Die Person klettert solange sie kann oder bis der Turm zusammenfällt. In diesem Moment muss die sichernde Person bereit sein, das Sicherungsseil mit dem Abseilachter oder Gribri zu blockieren und die fallende Person aufzufangen.

Spinne

8   20 Min.

Material
2 Schwedenkasten, 1 Balken, 2 Weichbodenmatten

Sicherheitshinweise
Absturzfläche gut sichern!

Es werden zwei Schwedenkasten mit ihren Längsseiten an eine Wand geschoben und zwischen den beiden Kasten zwei Weichbodenmatten übereinander gelegt. Von Kasten zu Kasten wird, dicht an der Wand, ein Schwebebalken oder ein Balancierbalken gelegt und von zwei Teilnehmenden zur Sicherheit zusätzlich festgehalten. Nun versuchen die Teilnehmenden mit dem Gesicht zur Wand über diesen Balken zu balancieren.

Wolkenkratzer

8   20 Min.

Material
1 Klebestreifenband

Sicherheitshinweise
Absturzgefahr! Boden darf keine gefährlichen Gegenstände haben!

Die Gruppe hat die Aufgabe, eine Markierung (Klebestreifen) so hoch wie möglich, aber nicht höher als drei Körperlängen, an einem Baum oder einer Mauer anzubringen. Die Gruppenmitglieder, die zum Anbringen der Markierung aufeinander steigen müssen, dürfen sich am Baum oder an der Wand abstützen, nicht aber Unebenheiten oder Äste als Kletterhilfe verwenden. Vor dem Start muss sich die Gruppe ein Sicherheitskonzept überlegen, mit dem alle Teilnehmenden einverstanden sind.

Variante: Jede Gruppe befestigt die Markierung so hoch oben wie möglich.

Abenteueraktionen

Die in den folgenden Aktionen gestellten Aufgaben und Probleme sind komplex. Sie erfordern die Zusammenarbeit aller Teilnehmenden sowie einige technische und praktische Kenntnisse in den vorgeschlagenen Sportarten, um den möglichen Aktionsverlauf erkennen zu können. Vor der eigentlichen Aktion findet immer eine Phase der Planung und Entscheidung statt, wo das persönliche Engagement jedes Gruppenmitgliedes gefragt ist. Während der Aktion sind alle Gruppenmitglieder gleichberechtigt; es gibt also keine Leitenden (außer in Sicherheitsfragen!). Die Gruppe soll ihre Eigenverantwortung für ihr Handeln und Tun übernehmen und auch für alle daraus resultierenden Konsequenzen Verantwortung tragen.

Aus: kuki, rex verlag luzern

Abenteuer-Triathlon

8   1 Tag

Material
Mehrere Kanus und Paddel, 1 Schwimmweste pro Person, Inline Skates pro Person mit Körperschützen und Helm, gute Wanderschuhe

Sicherheitshinweise
Verhalten im Kanu abmachen und begleiten!
Verhalten mit Inline Skates/Wandern abmachen!

Eine längere Strecke, idealerweise ein Rundkurs, soll mit drei unterschiedlichen Fortbewegungsmitteln zurückgelegt werden. Mit Kanus, Inline Skates und zu Fuß. Festgelegt werden lediglich die Orte, wo die Wechsel der Fortbewegungsart stattfinden und das entsprechende Material bereit liegt. Sonst wird die Abenteuer-Expedition eigenständig von der Gruppe geplant und durchgeführt. Eventuell wird als Vorbereitung einmal Kanufahren und das Verhalten im Kanu geübt.

Der Einkauf von Essen und besonders wichtig von Getränken muss die Gruppe unterwegs selbst besorgen und das Essen zubereiten. Zur Sicherheit steht der Gruppe einzig ein Mobiltelefon für Notfälle zur Verfügung.

Variante: Die Gruppe ist 48 Stunden unterwegs und muss auch noch im Freien übernachten.

Ausgesetzt

8   180 Min.

Material
Pro Gruppe: 1 Karte und genügend Getränke

Die Gruppe wird mit dem Bus an einem unbekannten Ort ausgesetzt, der nicht mehr als 1 Stunde Wanderzeit vom Ziel entfernt ist. Mit Hilfe einer Karte und eines Kompasses hat die Gruppe die Aufgabe, selbstständig wieder zum Ziel (Haus usw.) zu finden. Straßen dürfen allerdings nicht benützt werden. Die Gruppe darf sich nicht trennen und hat als Sicherheit ein Mobiltelefon dabei.

Bergwandern

8   90 Min.

Material
Diverses Material (Großgeräte), 1 lange Gummischnur pro Gruppe

Sicherheitshinweise
Es dürfen nur Gummischnüre als Sicherungsseile innerhalb der Seilschaft verwendet werden!

Jede Gruppe baut für sich eine «Bergroute» aus Groß- und Kleingeräten zusammen. Anschließend machen sich alle Gruppenmitglieder am Sicherungsseil (Gummischnur) fest und begeben sich auf Bergtour über die Hindernisse. Dabei können sich die Teilnehmenden helfen und sichern. Bedingung ist, dass die Bergtour für jedes Gruppenmitglied begehbar sein muss. Allenfalls muss sonst die Bergtour vereinfacht werden (Geräte tiefer stellen, zusätzliche Stand- oder Haltemöglichkeiten einbauen).

Jede Gruppe präsentiert ihre Route über die Hindernisse den anderen Gruppen. Danach wagt sich jede Gruppe auf eine oder mehrere Bergtouren von anderen Gruppen.

Abseilen

8   **1 Tag**

Material
**2 Bergsteigerseile, 2 Abseilachter, 2 Bandschlingen,
1 Klettergurt, 1 Helm**

Sicherheitshinweise
**Material kontrollieren! Knoten immer durch
2 Personen kontrollieren!**

Die Teilnehmenden erhalten bei einer Schlucht oder einem Abhang ein Seil und sollen sich dort gemeinsam abseilen. Alle Personen werden an einem zweiten Seil gesichert. Die ganze Aktion (Abseilen) bestimmt die Gruppe selbst (Ort und Höhe). Einzig zur Überprüfung der Sicherheit muss eine Fachperson dabei sein, deren Anweisungen strikte zu befolgen sind!
Ausführung:

- Befestige den oberen Abseilachter (am Standplatz) für das Sicherungsseil mit zwei 120 cm langen Bandschlingen an einem starken Baum.
- Befestige das Sicherungsseil mit einer doppelten Endacht am Klettergurt der Person, die sich abseilt, und führe es durch den oberen Standplatzachter zur sichernden Person.
- Befestige das zweite Seil, an dem sich die Person abseilt, am Standplatz mit einer gesteckten Endacht und führe es durch einen Abseilachter, den du mit einem Schraubkarabiner am Klettergurt befestigst. Dieses Seil bremst der Abseilende selbst, indem er das Seil langsam nachführt.

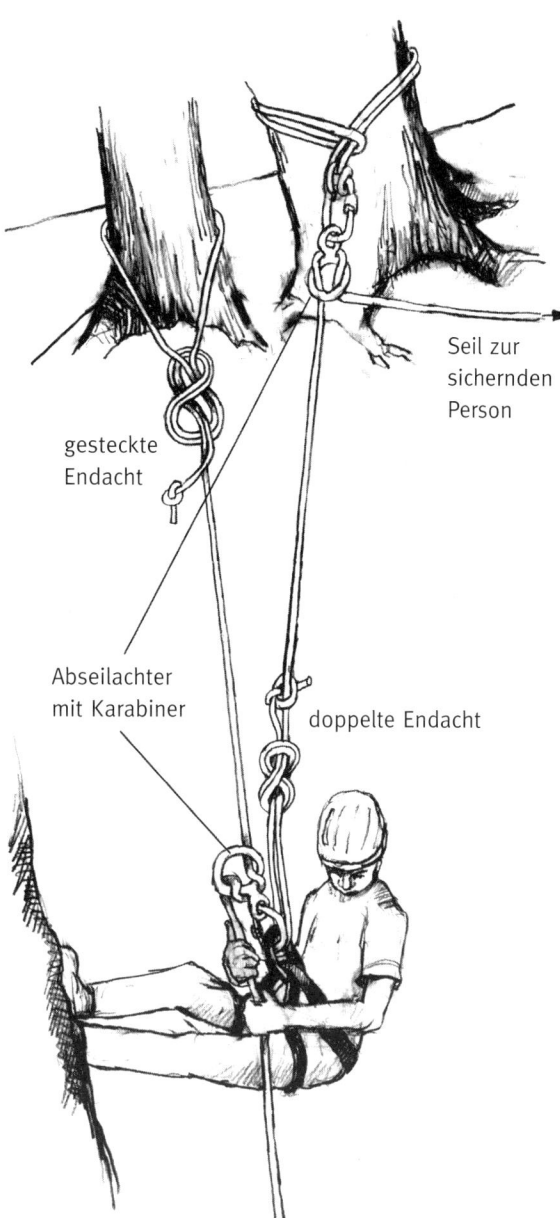

Seil zur
sichernden
Person

gesteckte
Endacht

Abseilachter
mit Karabiner

doppelte Endacht

Floßbau

8   1 Nachm.

Material
Pro Gruppe 3 bis 8 Lastwagenschläuche, mehrere Bretter, Bindestricke, Schwimmweste pro Person, genügend Paddel

Sicherheitshinweise
**Klares Verhalten auf dem Floß erklären.
Notsignal abmachen!**

Die Gruppe erhält den Auftrag, ein Floß nach eigener Wahl (verschiedene Baupläne sind vorhanden) zu bauen und einen kleineren See zu überqueren oder von einer in eine andere Bucht zu gelangen.

Grundsätzliches zum Floßbau
Der Bau eines Floßes ist sehr reizvoll, der Materialaufwand aber ziemlich groß. Besonders bei größeren Gruppen fällt eine Menge Material an. Leitende müssen bereits bei der Planung gewisse Punkte berücksichtigen:

- Lenkbarkeit: Das Gewicht, besonders aber die Form ist entscheidend. Ein Dreieck oder Parallelogramm mit spitzerem Winkel ist beispielsweise besser geeignet als ein Quadrat. Wenn möglich sollte eine Spitze nach vorne weisen.
- Tiefgang: Welche Wassertiefe soll befahren werden?
- Kein Anhängen an Hindernissen: Die Seile sollten eng anliegen und nicht zu lose sein.
- Das Floß sollte in ein bis zwei Stunden gebaut sein. Da sich Seile im Wasser zusammenziehen, sind für den Floßbau einfach zu lösende Knoten ideal.
- Als Variante: alte Fahrradschläuche anstelle der Seile verwenden.
- Gefahren vermeiden oder durch Konstruktion ausschließen: keine hervorstehenden Nägel und losen Seile.

Floßbau

Der Bau eines Floßes ist speziell reizvoll. Der Materialaufwand ist aber ziemlich groß, besonders für größere Gruppen. Oft ist es dann sinnvoll, nur ein Floß zu bauen und unterwegs immer wieder die Besatzung zu wechseln, damit alle einmal auf dem Floß waren. Wer auf dem Floß keinen Platz hat, ist bis zur Übergabe des Floßes an seine Gruppe zu Fuß oder mit dem Fahrrad unterwegs oder nimmt in einem begleitenden Schlauchboot Platz.

Zwei Typen von Floßen können unterschieden werden: Floße mit Auto- oder besser Lastwagenschläuchen und solche mit Plastikbehältern oder -fässern. Beim Bau muss bereits wieder an das Auseinandernehmen gedacht werden. Seile ziehen sich im Wasser zusammen und lassen sich dann nur mehr schwer lösen!

Auf einem großen Floß ist eine gute Organisation wichtig, weil eine Gruppe ein ziemliches Durcheinander produzieren kann.

Floße mit Auto- oder Lastwagenschläuchen
Vor und Nachteile dieser Floße:

+ Wenig Material und kein Werkzeug notwendig. Alles kann mit öffentlichen Verkehrsmitteln transportiert werden. Die Schläuche werden am Startort in einer Garage aufgepumpt und dann zum Wasser getragen, was aber viel Zeit beansprucht.
+ Wenig Gewicht und geringer Tiefgang.
- Schläuche können an Hindernissen zerreissen.
- Schwerfällig zum Steuern und ungünstig zum Paddeln in stehendem Gewässer.

Material
Lastwagenschläuche sind nicht mehr einfach zu erhalten, da heute die meisten Lastwagen eine Bereifung ohne Schläuche haben. In Pneuhäusern sind solche noch am ehesten erhältlich. Um sie zusammenzubinden eignen sich alte Seile oder Fahrradschläu-

che. Alte Fahrradschläuche bieten den Vorteil, dass sie am Schluss zerschnitten werden können. Keinesfalls dürfen Schnüre verwendet werden, diese schneiden ein.
Zur Stabilisierung werden schmale Bretter oder nicht zu dicke Kanthölzer verwendet.

- Anzahl Personen:
  2 bis 3 mit Paddeln oder Stangen
- Material:
  3 Schläuche, Seile, alte Fahrradschläuche,
  4 Bretter
- Bemerkung:
  Sehr schlecht zu steuern.

Aus: M. Kaderli, kennen+können, rex verlag luzern

Foto-Rallye

8 **180 Min.**

Material
**Pro Gruppe: 1 Karte mit eingezeichneter Strecke,
zahlreiche Fotos, 1 Bleistift**

Die einzelnen Gruppen wandern anhand
einer Karte genau einer eingezeichneten
Strecke entlang. Unterwegs müssen die Teilnehmenden die Umgebung gut beobachten
und herausfinden, wo die zahlreichen Fotos,
die der Gruppe mitgegeben werden, ge-
knipst wurden. Der Standort jeder Foto ist
auf der Karte einzuzeichnen. Welche Gruppe
hat alle Standorte herausgefunden und die
Strecke am schnellsten absolviert?

Gruppenbiwak

8 **1 Tag**

Material
Seile und Schnur, Werkzeuge (Säge, Axt), Blachen

Sicherheitshinweise
**Mit dem Förster oder Jagdaufseher vorher Kontakt
aufnehmen und Biwak-Platz genehmigen lassen!**

Die Gruppe erhält die Aufgabe, sich einen
Biwakplatz für eine Nacht zu bauen und dort
zu übernachten.
*Variante: Bei größeren Gruppen sollte die
Zubereitung des Essens oder das Lagerfeuer
als Aufgabe für kleinere Untergruppen zuge-
teilt werden, damit alle Teilnehmenden eine
Aufgabe haben.*
*Variante: Im Winter erhält die Gruppe den
Auftrag ein Iglu zu bauen. Wer möchte, kann
darin übernachten. Wichtig ist, dass der
Weg zum Haus gut beleuchtet ist, um so
den Teilnehmenden ein Zurückfinden ins
Haus jederzeit zu gewährleisten.*
*Bauanleitungen in: Kaderli et al., kennen +
können, rex verlag luzern*

Hängebrücke

8 **1 Tag**

Material
**3 statische Seile, 1 Klettergurt, 4 Sicherheits-
karabiner, 1 Sicherungsleine**

Sicherheitshinweise
Siehe Knoten im Anhang!

Mit 3 Seilen soll eine Seilbrücke inklusive
Sicherungsseil über ein Tal gespannt werden. Anschließend muss die Seilbrücke
zuerst von leitenden Personen kontrolliert
werden. Dann dürfen alle Mitglieder der
Gruppe (gesichert mit Klettergurt usw.) über
die Seilbrücke gehen.
*Variante: Die gleiche Aktion in der Nacht
durchführen.*

Knotentechnik zu Hängebrücke

Seilbrücken
- Abstand Tragseil–Halteseil beträgt 1,2 m
  bis 1,5 m
- evtl. zweites Halteseil anbringen
- bei hohen Brücken ist eine Sicherung
  der Person unerlässlich
  (Klettergurt verwenden)

Wichtig: Für Brücken über Flüsse gilt:
Sturz ins Seil ohne Wasserberührung

**4. Befestigung eines zweiten
Karabiners am Tragseil beim
Seilspannen**
A) Seilschlinge mit Prusik-
knoten
B) Seilschlinge mit Karabiner-
klemmknoten

**5. Befestigung des
Klettergurtes am
Sicherungsseil**
- mit einer Band-
  schlinge, einem
  Karabiner (Rolle)
  und zwei Anker-
  knoten
- unbelastetes
  Seilende muss
  mindestens 25 cm
  lang sein

**2. Befestigung des ersten Karabiners
am Ende der Seilbrücke**
- mittels Bandschlinge (eine einfache
  Seilschlinge kann auch mit einem
  dicken Bindestrick und einem Achter-
  knoten selbst hergestellt werden)

**3. Sicherungsknoten am ersten
Karabiner**
- HMS-Sicherung (VP-Knoten)

**1. Befestigung des Seils
an einem Baum**
A) Maurerknoten oder
B) Mastwurf
(Achterschlinge)

A)
- mindestens sie-
  ben Windungen
- nicht geeignet für
  dünne Bäume

B)
kurzes
Ende
verknoten

Zugrallye

8 1 Tag

Material
1 Tageskarte für SBB, pro Gruppe 1 Fahrplan der SBB

Sicherheitshinweise
Pro Gruppe 1 Nottelefon! Verhalten in Bahnhöfen besprechen!

Jedes Gruppenmitglied kauft sich eine Tageskarte für das Schweizerische Bundesbahn-Netz (SBB) oder das Verbundnetz in einer Region. Alle Mitglieder der Gruppe müssen während der ganzen Aktion immer zusammenbleiben. Aufgabe ist es, in einer bestimmten Zeit (4 Stunden, 12 Stunden, 16 Stunden) zuerst mittels Fahrplan die am weitesten entfernten Bahnhöfe auszuwählen, dann die geplante Strecke mit möglichst wenig Aufenthaltszeiten auf einzelnen Bahnhöfen abzufahren und in einem Protokoll alle Ankunfts- und Abfahrtszeiten nachprüfbar festzuhalten (eventuell an jedem Zielbahnhof die Uhr fotografieren). Die Teilnehmenden starten alle gemeinsam und müssen zu einer bestimmten Zeit zurück sein (Verspätungen werden mit Punktabzügen gewertet). Welche Gruppe schafft so die meisten zurückgelegten Bahn-Kilometer?

Nachtwanderung

8 1 Nacht

Material
1 Karte pro Gruppe, Taschen- oder Stirnlampen pro Teilnehmende(n)

Sicherheitshinweise
Pro Gruppe 1 Nottelefon!

Die Teilnehmenden einer Gruppe planen ihre eigene Route für eine Nachtwanderung. Sie sollte eine gewisse Leistungsanforderung stellen, aber für alle Teilnehmenden machbar sein. Auch müssen Kontrollpunkte eingeplant werden, an welchen stark ermüdete Teilnehmende aussteigen und von einem Auto abgeholt werden können. Nun wandert die Gruppe durch die ganze Nacht hindurch, bis sie am nächsten Morgen beim selbst gewählten Ziel ankommt.

Klettern an künstlichen Kletterwänden

8 60 Min.

Material
**Pro Person: 1 Klettergurt, 1 Sicherheitskarabiner.
Pro Gruppe: mehrere Kletterseile, mehrere Abseilachter oder Grigri (Sicherungsschlaufe)**

Sicherheitshinweise
**Klettern nur mit Top-Rope-Sicherung!
Knoten immer gut kontrollieren!**

Die Mitglieder der Gruppe versuchen verschiedene Kletterrouten an künstlichen Kletterwänden (indoor oder outdoor) zu erklettern. Pro erreichte Route erhält die Gruppe Punkte. Wie viele Punkte kann die Gruppe innerhalb 1 Std. erklettern (pro Route kann ein Teilnehmender nur einmal punkten)?

Seiltechnik zum Klettern

HMS Halb-Mastwurf-Sicherung

– parallele Seilführung
  verhindert Krangelbildung
– Bremsseil nie loslassen
– Karabiner gesichert

Top Rope

Umlenkung
– Seil nie durch Schlinge
– gesicherter Karabiner o.ä.
– nicht um Kante
– lose Steine wegräumen

Klettern
– in der Falllinie (nicht pendeln!)
– nicht höher als Umlenkung

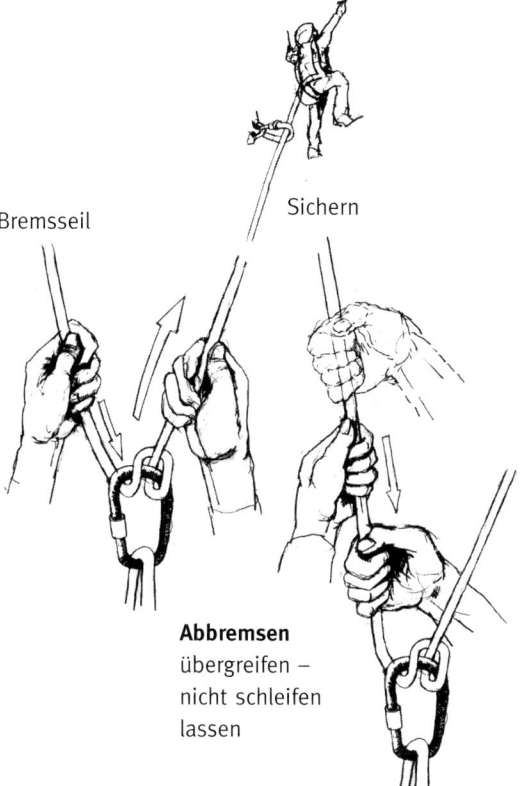

Bremsseil

Sichern

Abbremsen
übergreifen –
nicht schleifen
lassen

Partner-Check

Sicherung   Abseilen

Sichern
– nahe an der Wand
– HMS bleibt eingehängt
  bis Kletternder wieder
  am Boden
– Abbremsen in Boden-
  nähe eingeübt
– freies Seilende
  gesichert
– Gewichtsunterschied
– in Serie sichern
– Selbstsicherung

Reflexion

Reflexions- und Feedback-Runden geben den Teilnehmenden die Möglichkeit, die gestellten Aufgaben und die Umsetzung durch die Gruppe auszuwerten, sich über das Erlebte auszutauschen und es zu verarbeiten. Dabei kann es um den Gruppenprozess, aber auch um individuelle Erfahrungen und Gefühle gehen. Solche Auswertungen können als Zwischenreflexionen und/oder als ausgedehnte Auswertungseinheiten geplant und auch durchgeführt werden. Im Folgenden einige Formen, wie das geschehen kann.

Aus: kuki, rex verlag luzern

Fingerspitzengefühl

10   10 Min.

Material
Pro Teilnehmende(n): 1 Arbeitsblatt mit Buchstaben A–Z, 1 Stift

Die Teilnehmenden erhalten ein Arbeitsblatt «Fingerspitzengefühl». Auf diesem Blatt sind alle Buchstaben von A–Z, mit jeweils genügend Platz daneben zum Schreiben eines Wortes, aufgeführt. Nun notieren alle bei entsprechenden Anfangsbuchstaben wichtige Gefühle, die sie während des Spiels hatten. Dabei sollen nur Worte aufgeschrieben werden, die wirklich erlebte positive oder negative Gefühle ausdrücken. Am Schluss werden noch zwei, drei Gefühle eingekreist, welche sehr positiv oder eindrücklich waren, also das stärkste Herzklopfen zur Folge hatten. Jede Person erläutert der Gruppe nun diese besonderen Gefühle.

Gruppenplakate

6   10 Min.

Material
Pro Gruppe: 1 Plakat und 1 Stift

Auf verschiedenen Plakaten stehen wichtige Aspekte, welche ausgewertet werden sollten, wie: Inhalt, Ziele, Leitung, Gruppe, Umfeld. Die Teilnehmenden stellen sich zuerst zu jenem Plakat, zu dem sie im Besonderen Stellung nehmen wollen. Die Kleingruppe, die sich so bei einzelnen Plakaten gebildet hat, diskutiert miteinander den Themenbereich und notiert in Stichworten ihre Meinungen. In einer nächsten Phase der Auswertung gehen die Gruppen von Plakat zu Plakat, studieren diese, diskutieren und ergänzen sie.

Luftballons

6   20 Min.

Material
Pro Person: 1 Luftballon, 1 wasserfester Stift und Schnur

Die Teilnehmenden erhalten je einen Luftballon und einen wasserfesten Stift. Die Luftballons werden aufgeblasen. In Stichworten oder Skizzen werden erlebte Eindrücke auf den Ballon geschrieben oder gezeichnet. Nach einer festgelegten Zeit (10 Minuten) werden die Luftballons durcheinander gewirbelt, jede Person nimmt sich einen und studiert, was der Ballon so erzählt. Nacheinander stellen alle kurz vor, was auf dem Luftballon steht oder wie sie eine Zeichnung deuten. Zum Schluss werden alle Luftballons zu einem großen Strauß zusammengebunden.

Punkteblitzlicht

6   10 Min.

Nach einer Aktivität finden sich die Teilnehmenden im Kreis zusammen. Die Spielleitung stellt einige Fragen zur Zielerreichung des gemeinsam Erlebten. Alle Teilnehmenden schließen die Augen und zeigen mit ihren Fingern, wie gut für sie die Erwartung im entsprechenden Bereich erfüllt wurde; z.B. alle 10 Finger bedeuten, dass sich diese Person 100%ig wohl gefühlt hat, keine Finger wäre das Zeichen dafür, dass diese Person am liebsten nach Hause gegangen wäre. Wenn alle ihre Entscheidung getroffen haben und eine entsprechende Anzahl Finger strecken, gibt die Spielleitung ein akustisches Zeichen und die Augen dürfen wieder geöffnet werden. Je nach Verlangen kann das Ergebnis ausgezählt werden.

Standogramm

6   **10 Min.**

Die Gruppe bildet einen Kreis. Eine Person nach der anderen geht in die Mitte und äußert in kurzen Worten ihre Meinung oder Einschätzung zur Aktivität. Die anderen Teilnehmenden reagieren auf diese Aussage, indem sie entweder etwas auf die Person zugehen (positiv) oder von ihr wegrücken (negativ). Die Entfernung drückt das Ausmaß der Zustimmung bzw. Ablehnung zur jeweiligen Aussage aus. Wer der Aussage neutral gegenübersteht, bleibt einfach stehen. Die Person in der Mitte betrachtet sich das Muster. Danach gehen alle in die ursprüngliche Kreisform zurück und eine nächste Person kann in der Mitte ihre Meinung kundtun.
Variante: Die Person in der Mitte kann einige Klärungsfragen stellen an Leute, die vielleicht sehr zustimmen oder ablehnen.

Stärken erkennen

6   **20 Min.**

Die Teilnehmenden ziehen sich für 10 bis 15 Minuten zurück und lassen je für sich das Erlebte noch einmal vorbeiziehen. Dabei sollen sie sich in ihrer Erinnerung vor allem auf das konzentrieren, was ihnen gelungen ist, auf die Stärken, die sie einbringen konnten, und auf die Augenblicke und Phasen, die sie als erfolgreich ansehen.
Jede Person ist aufgefordert, ihre Kriterien für Erfolg subjektiv und persönlich zu setzen. Es gibt kein Feedback. In einer kurzen gemeinsamen Runde sagt höchstens jede und jeder kurz, was ihm oder ihr am wichtigsten erscheint.

Yin-Yang-Bild

6   **20 Min.**

Material
A2-Zeichnungsblätter, diverse Malstifte

Es werden Paare gebildet und diese erhalten die Aufgabe, ihre Eindrücke zum Erlebten in Form eines Bildes zu verarbeiten. Das Bild wird in Form des Yin-Yang-Motivs aufgebaut, das heißt, es gibt auf der einen Seite Platz für tolle und gute Erlebnisse und auf der anderen Platz für schwierige oder schlechte Erfahrungen. Beide Personen sollen an der Erschaffung beider Bildhälften beteiligt sein und während des Malens nicht miteinander sprechen. Anschließend diskutieren die beiden Personen über die Bedeutung des gemeinsam entstandenen Bildes und über den Prozess beim Malen.
Dann werden die Bilder in einer Galerie aufgehängt. In Gruppen von fünf bis sieben Personen können die einzelnen Bilder von jeder Zweiergruppe vorgestellt und gemeinsam diskutiert werden.

Knotenkunde

Achterknoten

Ein sehr sicherer, einfacher und gut wieder lösbarer Knoten, mit dem sich zwei Seile verbinden lassen.

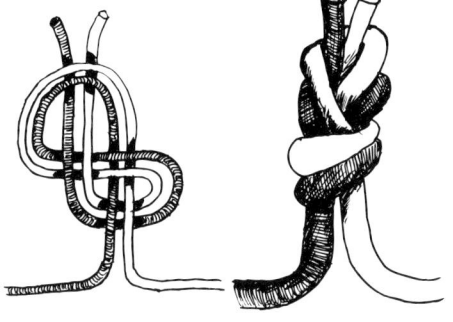

Maurerknoten

Der Maurerknoten ist sehr einfach zu machen, sicher und trotzdem rasch wieder gelöst. Er kann nur am Seilanfang gemacht werden und hält nur unter Belastung. Das Seilende muss mindestens dreimal um das Seilstück, das den Masten oder Baum umgibt, geschlungen werden oder so lange, bis mindestens der halbe Umfang des Mastes oder des Baumes eingenommen wird.

An zu dünnen Gegenständen (beispielsweise Eisenstangen) hält der Knoten nicht. Er eignet sich für die Befestigung an Bäumen oder zum Schleppen von Balken und Stämmen mit einem Seil; zu diesem Zweck kann der Knoten zusätzlich mit Nasenbändern gesichert werden.

Schifferknoten

Der Schifferknoten eignet sich zum Befestigen eines Seils an einem dünnen Gegenstand (Ring, Geländer, Ast). Er wird normalerweise mit zwei bis drei gleichlaufenden Schleifen geknüpft. Es können noch weitere angehängt werden. Zugezogen hält der Knoten gut und ist auch einfach wieder zu lösen.

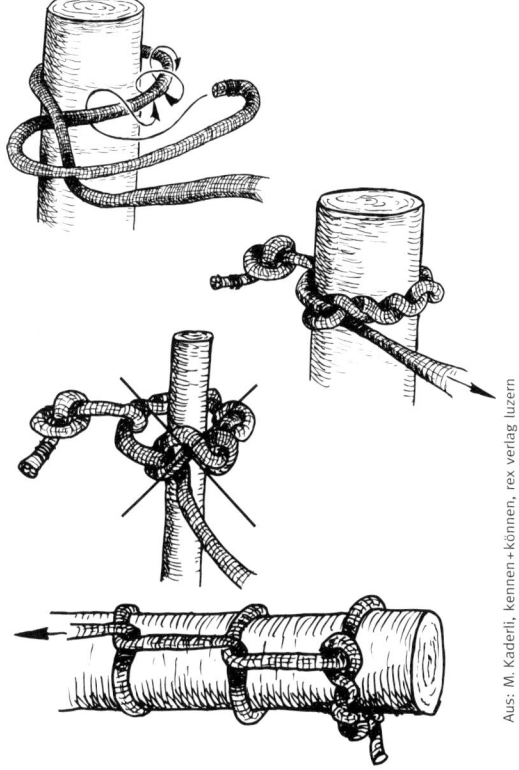

Aus: M. Kaderli, kennen+können, rex verlag luzern

Kreisbund

Der Kreisbund dient dem rechtwinkligen Verbinden zweier Stangen. Begonnen wird an der senkrecht stehenden Stange mit einem Mastwurf (1). Die Touren werden so gelegt, dass sie satt aneinander anliegen und einander nie überkreuzen (2). Mit einigen Kreistouren zwischen den Stangen (3) wird das Ganze zusammengezogen. Zum Schluss das Ende mit dem beim Mastwurf liegenden Anfang verknoten. Bei Rundhölzern empfiehlt es sich, die Berührungsstellen vorher einzukerben.

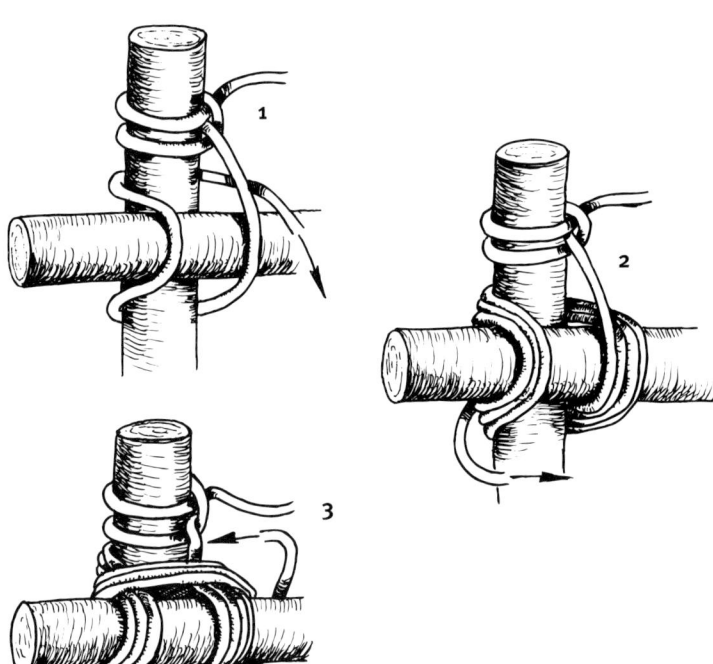

Eine Abwandlung des Kreisbundes ist der Kreuzbund. Dieser eignet sich besonders gut, wenn zwei Rundhölzer nicht rechtwinklig zueinander zusammengebunden werden sollen.

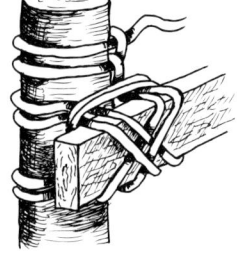
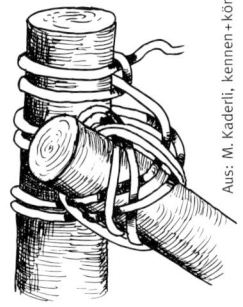

Aus: M. Kaderli, kennen+können, rex verlag luzern

Seite	Spiele	Turnhalle	Sportplatz	Wiese	Wald	Mitspielende (Mindestzahl)	Mindestdauer	Material
39	**Einteilungsspiele**							
39	Auf und nieder	×	×	×	×	6	3 Minuten	Keines
39	Aufreihen	×	×	×	×	6	5 Minuten	Keines
39	Ungerade Teamzahl	×	×	×	×	6	5 Minuten	Keines
40	Welche Gegenstände gehören zusammen?	×	×	×	×	6	5 Minuten	Kärtchen, je zwei mit analogen Sujets
40	Tierherde finden	×	×	×	×	6	5 Minuten	Kärtchen mit Tiernamen/Tierbildern
40	Puzzle	×	×	×	×	6	5 Minuten	Bild als Puzzle zerschneiden
41	Spielkartenstafette	×	×	×	×	6	5 Minuten	Spielkarten
41	Geräusche finden sich	×	×	×	×	6	5 Minuten	Döschen
41	Persönliche Gegenstände	×	×	×	×	6	5 Minuten	Keines
41	Rot und Schwarz	×	×	×	×	6	5 Minuten	Spielkarten
42	Würfeln	×	×	×	×	6	5 Minuten	Würfel
42	Blauer Himmel	×	×	×	×	6	3 Minuten	Keines
43	**Aufwärmspiele**							
44	Balljagd	×	×	×	×	8	5 Minuten	1 Softball, evtl. Spielfeldmarkierung
44	Fuchs und Eichhörnchen	×	×	×	×	8	10 Minuten	2 größere gleiche Bälle, 1 kleinerer Ball
44	Ferngesteuert	×	×	×	×	8	10 Minuten	Pro Paar: 2 Softbälle, 1 Augenbinde
44	Ballontreiben	×	×	×	×	8	5 Minuten	Luftballon, viele Softbälle, Vogelband oder Seile
45	Monarch	×	×	×	×	8	5 Minuten	1 Softball
45	Liegestützkarre	×	×	×	×	4	5 Minuten	Keines
45	Lufttor	×	×	×	×	6	5 Minuten	1 Wasserball, lange Schnur oder Vogelbänder
46	Mondball	×	×	×	×	4	5 Minuten	1 Wasserball
46	Standhalten	×	×	×	×	2	5 Minuten	Keines
46	Verschwörung	×	×	×	×	8	5 Minuten	Keines
46	Rettungsringe	×	×	×	×	10	5 Minuten	2 Bälle, 2 Schirmmützen oder Halstücher
46	Speedy Gonzales	×	×	×	×	12	10 Minuten	Keines
47	Supermarkt	×	×	×	×	8	5 Minuten	5 Gymnastikreifen/Velopneu, 4 Sorten Spielbänder/Bälle
47	Virenfreies Labor	×	×	×	×	8	5 Minuten	Zeitungen oder Softbälle, 2 Seile (bei Außenplätzen)

Seite	Spiele	Durchführungsort				Mitspielende (Mindestzahl)	Mindestdauer	Material
		Turnhalle	Sportplatz	Wiese	Wald			
58	Frantic	X	X			10	20 Minuten	Mehrere Tennisbälle
59	Knoten im Seil	X	X	X	X	8	15 Minuten	1 Springseil pro Person
59	Hexenhaus	X	X	X	X	8	15 Minuten	1 Seil pro Gruppe
59	Hürdenlauf	X	X	X	X	8	10 Minuten	Div. Material (Hürden, Hütchen usw.), Augenbinden
59	Mondfähre	X	X	X	X	4	10 Minuten	Pro Gruppe: 1 Brett, mehrere Holzstäbe
60	Magische Reifen	X	X	X	X	8	10 Minuten	Pro Spielende(n): 1 Reifen (oder Velopneu)
60	Reifenball	X	X	X		8	10 Minuten	1 Ball, 2 Reifen (Holzreifen oder Velopneu)
60	Platzwechsel	X			X	8	10 Minuten	1 Baumstamm (oder umgedrehter Langbank)
60	Platz auf kleinstem Raum	X	X	X		10	10 Minuten	Kastenoberteil oder Seil als Markierung
61	Tinguely-Maschine	X	X	X		8	10 Minuten	Keines
61	Rettung aufs Dach	X				8	20 Minuten	3 Barren, 2 Weichbodenmatten
62	**Erlebnisspiele**							
63	AKW-Abbau	X	X	X	X	6	30 Minuten	2 Plastikeimer, Tennisbälle, Springseile, Vogel-band, Plastikrohre
63	Blindformen	X	X	X		4	10 Minuten	50 m Seil, 1 Augenbinde pro Teilnehmende(n)
63	Elektrischer Zaun	X	X	X		8	30 Minuten	1 Seil, 1 stabiles Brett
64	Filzpantoffel-Weitsprung	X				5	20 Minuten	2 Langbänke, 1 Reckanlage, 2 Weichboden-matten, Springseile, 1 P. Filzpantoffeln
64	Flussüberquerung	X	X	X		8	30 Minuten	2 Seile für Ufermarkierung, 3 Harassen, 4 Balken oder Bretter à 3 Meter
64	Gefängnisausbruch	X				8	10 Minuten	1 Langbank (oder 1 dickes Brett), kleines Heft mit Bleistift
65	Fahnenspiel	X	X	X		10	20 Minuten	Je 2 Fahnen (Stück Stoff) pro Gruppe, Markierungsbänder
65	Gipfelbuch	X		X		8	10 Minuten	1 Langbank (oder 1 dickes Brett), kleines Heft mit Schreibstift
65	Klettertransport	X	X			8	20 Minuten	1 Plastikkorb, 30 Tennisbälle
66	Kletterwand	X	X			6	30 Minuten	1 Weichbodenmatte, mehrere Springseile
66	Kugellager	X	X	X	X	8	15 Minuten	2 Tennisbälle pro Person

Seite	Spiele	Turnhalle	Sportplatz	Wiese	Wald	Mitspielende (Mindestzahl)	Mindestdauer	Material
	Durchführungsort							
66	Seilwanderung				X	4	30 Minuten	2 statische Seile
66	Schatz im Säuresee	X			X	6	30 Minuten	Statisches Seil, Klettergurt, 2 Karabiner, Vogelband, Augenbinde
67	Spinnennetz	X			X	8	30 Minuten	Mehrere Springseile, 3–5 kleine Glöcklein
67	Tausendfüßler	X	X	X	X	5	10 Minuten	Keines
67	Tisch	X	X	X	X	6	20 Minuten	1 großer stabiler Tisch oder 1 Langbank
68	Trolli	X	X	X	X	6	20 Minuten	1 Trolli pro Gruppe, 2 Bretter, 3 Springseile, Bohrer
69	Unsichtbares Labyrinth	X	X	X	X	6	30 Minuten	1 Plane mit einem aufgezeichneten Labyrinth
70	**Abenteuerspiele**							
71	American Gladiators	X				8	120 Minuten	Diverses Material (je nach Posten)
75	Bachüberquerung	X				10	30 Minuten	Seil, Bretter
75	Gletscherspalte	X				8	30 Minuten	2 Weichbodenmatten
75	Balkenüberquerung	X			X	6	30 Minuten	Balken, Bindestricke
75	Harassen- oder Bierkästen-Klettern	X			X	8	20 Minuten	Leere Harassen, 2 Seile, 1 Haken, 2 Klettergurte, 2 Sicherheitskarabiner, 1 Abseilachter, evtl. eine Bandschlinge
76	Spinne	X				8	20 Minuten	2 Schwedenkästen, 1 Balken, 2 Weichbodenmatten
76	Wolkenkratzer	X			X	8	20 Minuten	1 Klebestreifenband
77	**Abenteueraktionen**							
78	Abenteuer-Triathlon			X	X	8	1 Tag	Kanus/Paddel, Schwimmwesten, Inline Skates, Helm, Wanderschuhe
78	Ausgesetzt			X	X	8	180 Minuten	Pro Gruppe: 1 Karte und genügend Getränke
78	Bergwandern		X			8	90 Minuten	Diverses Material (große Geräte), 1 lange Gummischnur pro Gruppe
79	Abseilen			X	X	8	1 Tag	2 Bergsteigerseile, 2 Abseilachter, 2 Bandschlingen, 1 Klettergurt, 1 Helm
80	Floßbau		X	X		8	1 Nachmittag	Pro Gruppe: 3 Lastwagenschläuche, Bretter, Bindestricke, Schwimmweste
82	Foto-Rallye				X	8	180 Minuten	Pro Gruppe: 1 Karte mit eingezeichneter Strecke, zahlreiche Fotos, 1 Bleistift

Seite	Spiele	Durchführungsort				Mitspielende (Mindestzahl)	Mindestdauer	Material
		Turnhalle	Sportplatz	Wiese	Wald			
82	Gruppenbiwak				X	8	1 Tag	Seile und Schnur, Werkzeuge (Säge, Axt)
82	Hängebrücke			X	X	8	1 Tag	3 statische Seile, 1 Klettergurt, 4 Sicherheitskarabiner, 1 Sicherungsleine
84	Zugrallye					8	1 Tag	1 Tageskarte für den öffentlichen Verkehr, pro Gruppe 1 Fahrplan, 1 Handy
84	Nachtwanderung			X	X	8	1 ganze Nacht	Pro Teilnehmende(n): 1 Taschenlampe. Pro Gruppe: 1 Karte, 1 Handy
84	Klettern an künstlichen Kletterwänden	X				8	60 Minuten	1 Klettergurt, 1 Sicherheitskarabiner
86	**Reflexion**							
87	Fingerspitzengefühl	X	X	X	X	10	10 Minuten	Pro Teilnehmende(n): 1 Arbeitsblatt mit Buchstaben A–Z, 1 Stift
87	Gruppenplakate	X	X	X		6	10 Minuten	Pro Gruppe: 1 Plakat und 1 Stift
87	Luftballons	X	X	X	X	6	20 Minuten	Pro Person: 1 Luftballon, 1 wasserfester Stift und Schnur
87	Punkteblitzlicht	X	X	X		6	10 Minuten	Keines
88	Standogramm	X	X	X		6	10 Minuten	Keines
88	Stärken erkennen	X	X	X		6	20 Minuten	Keines
88	Yin-Yang-Bild	X	X	X		6	20 Minuten	A2-Zeichnungsblätter, diverse Malstifte

Weitere Bücher im rex verlag

Lehner Patrik
Bewegungsspiele mit Pfiff!
für Kindergarten, Grundschule und Freizeit
ISBN 3-7252-0730-5

Pädagogisch und methodisch ausgefeilt zeigt der Autor, wie Kinder zwischen vier und zwölf Jahren mit einem vielseitigen Bewegungsangebot ganzheitlich gefördert werden können. Aus dem Inhalt: Spiele mit Alltagsmaterialien, Lauf- und Werfspiele, Erlebnisturnen, motorische Erfahrungen und vieles mehr: Eine breite Auswahl an Spielen, für die Turnhalle wie für draußen.

Lehner Patrik
Wasserspiele
für Gruppen
ISBN 3-7252-0710-0

Wasser ist eine spannende Erlebniswelt für Kinder und Jugendliche in Schule und Freizeit. Der Sportlehrer Patrik Lehner beschreibt praxisnah erlebnisorientierte Spielformen für Gruppen im Plantsch- oder Schwimmbecken, zusätzlich auch Spielaktionen am und im Bach, Fluss oder See.

Kaderli Manfred und Team
Geländespiele
Spielprojekte für Stadt, Wald und Wiese
ISBN 3-7252-0656-2

Goldfieber, Miss Marple, Traumfresser oder Umzug der Bären, das sind einige Titel der über 40 Geländespiele in diesem Buch. Jedes Spiel ermöglicht den Kindern und Jugendlichen, zwei bis drei Stunden Spiel, Spaß und Spannung miteinander im Freien zu erleben.

Völkening Martin
Nachtspiele
in Natur und Haus
ISBN 3-7252-0713-5

Kurze oder längere praxiserprobte Spiele im breiten Spektrum vom sinnlichen Erlebnis bis zu gewaltloser Action. Die wichtigsten Spielelemente sind Dunkelheit und Wechselspiel mit Licht und mit raffinierten Effekten für Gehör- und Geruchssinn.

Kuoni Johannes
Ideenbox
für kreative Lagertage
ISBN 3-7252-0720-8

Eine (Buch-)Box voller Ideen für erlebnisreiche Lagertage und Ferienfreizeiten mit Kinder- und Jugendgruppen: Tagesthemen, Kreativprojekte, Geländespiele, Postenparcours, Abendprogramme und Nachtspiele.